新编21世纪高等职业教育精品教材

土木建筑类

建设法规

（第二版）

主　编◎秦纪伟　伏　虎

副主编◎王志宇　王　希

中国人民大学出版社

·北京·

前言 PREFACE

党的二十大报告指出，教育、科技、人才是全面建设社会主义现代化国家的基础性、战略性支撑。教育是国之大计、党之大计。职业教育是我国教育体系的重要组成部分，肩负着“为党育人、为国育才”的神圣使命。本教材以习近平新时代中国特色社会主义思想为指导，深入贯彻落实党的二十大精神，将思想道德建设与专业素质培养融为一体，着力培养爱党爱国、敬业奉献，具有工匠精神的高素质技能人才。

党的二十届三中全会提出：“法治是中国式现代化的重要保障。”《法治中国建设规划（2020—2025年）》中指出，“法治兴则国兴，法治强则国强”，“坚持立改废释并举。加强重点领域、新兴领域、涉外领域立法”。近几年我国基本建设领域法律制度日趋完善，《中华人民共和国招标投标法》《中华人民共和国建筑法》《中华人民共和国安全生产法》《建设工程质量管理条例》《建筑工程施工许可管理办法》《建设工程质量检测管理办法》等法规先后进行了修订，《中华人民共和国民法典》《中华人民共和国噪声污染防治法》也已颁布实施。在这一背景下，我们采用最新法律法规，组织编写了本书。

本书结合建造师执业资格考试要求，按照“与工程实践内容和企业用人需求相结合”的指导思想，以“必须、够用”为原则编写。

（1）突出能力本位：本书以培养学生运用法律知识解决实际问题的能力为编写原则，在每单元末设置案例分析训练，让学生学以致用。

（2）突出职业需求：以注册建造师为典型工作岗位，按照建造师执业资格考试要求安排教学内容，选择建造师执业资格考试历年典型真题作为课后习题，以便于学生毕业后顺利考取建造师执业资格证书。

（3）教学资源丰富：本书配套设置有PPT、教案、案例集、习题集等教学资源，以便于教师组织课堂教学。

（4）编写团队特色：本书的参编人员均为双师型教师，有企业的工作经历或实践经验，注重教材的应用性。

本书由北京京北职业技术学院秦纪伟、伏虎担任主编，北京财贸职业学院王志宇、北京京北职业技术学院王希担任副主编。具体分工如下：秦纪伟编写单元1和单元4，伏虎编写单元5和单元6，王志宇编写单元2和单元3，王希编写单元7和单元8。全书由秦纪伟负责统稿。

本书在编写过程中得到了北京市职业院校优秀青年骨干教师培养项目和中国人民大学出版社的大力支持与帮助，得到了北京京北职业技术学院教授、建筑工程系主任谭平的支持和指导，在此表示诚挚的谢意。本书在编写过程中参阅了许多文献和网络资源，谨向有关作者表示感谢。

本书可作为建筑类专业的教材，也可作为从事工程施工、管理等工作技术人员的参考书，还可作为备考建造师执业资格考试的参考书。

由于编者水平能力所限，书中难免存在不妥之处，敬请读者批评指正。

编者

目录 CONTENTS

单元 1　建设工程基本法律知识　001

1.1　建设工程法律体系 …… 002
1.2　建设工程法律制度 …… 007

单元 2　施工许可法律制度　026

2.1　建设工程施工许可制度 …… 027
2.2　施工企业从业资格制度 …… 031
2.3　建造师注册执业制度 …… 034

单元 3　建设工程发承包法律制度　044

3.1　建设工程招标投标制度 …… 045
3.2　建设工程承包制度 …… 059

单元 4　建设工程合同和劳动合同法律制度　068

4.1　建设工程合同制度 …… 069
4.2　劳动合同及劳动者权益保护制度 …… 080
4.3　相关合同制度 …… 088

单元 5　建设工程安全生产法律制度　096

5.1　施工安全生产许可制度 …… 097
5.2　施工安全生产责任和安全生产教育培训制度 …… 099
5.3　施工现场安全防护制度 …… 105

5.4 施工安全事故的应急救援与调查处理 …… 112
5.5 建设单位和相关单位的建设工程安全责任制度 …… 117

单元 6 建设工程质量法律制度 125

6.1 工程建设标准 …… 126
6.2 施工单位的质量责任和义务 …… 129
6.3 建设单位及相关单位的质量责任和义务 …… 134
6.4 建设工程竣工验收制度 …… 141
6.5 建设工程质量保修制度 …… 145

单元 7 建设工程施工环境保护、节约能源和文物保护法律制度 152

7.1 建设工程施工环境保护制度 …… 153
7.2 施工节约能源制度 …… 160
7.3 施工文物保护制度 …… 165

单元 8 解决建设工程纠纷法律制度 172

8.1 建设工程纠纷主要种类 …… 173
8.2 建设工程民事纠纷的处理 …… 175
8.3 建设工程行政纠纷的处理 …… 188

参考文献 197

单元 1　建设工程基本法律知识

单元导读

本单元主要讲解建设工程基本法律知识，包括建设工程法律体系、法律制度两部分内容，所涉及的法律制度在建设活动中应用广泛，是建造师执业资格考试的重点内容。本单元讲解的建设工程法律体系的基本框架、相关概念是学习后续单元内容的基础。

单元重点

1. 法的形式和效力层级。
2. 代理的种类和终止条件。
3. 建设工程相关物权。
4. 建筑物和物件损害责任。
5. 知识产权的常见种类和知识产权的保护。
6. 担保的方式。
7. 建设工程保险的主要种类和投保权益。

素养提升

学习法律体系，树立法律意识，树立宪法至上的法治理念；学习代理制度，树立诚信意识、责任意识；学习知识产权保护制度，学会尊重知识产权，并树立知识产权保护意识；学习建筑工程一切险、安装工程一切险、第三者责任险各自的功能，树立保险责任意识；对比不同法律责任的承担形式，树立责任意识和对法律的敬畏之心。

导入案例

1.1 建设工程法律体系

学习目标

- 了解法律体系的基本框架。
- 熟悉法的形式和效力层级。
- 掌握建设工程法律关系的三要素。
- 能运用法律关系分析建设工程案例。

党的二十大报告提出：“坚持全面依法治国，推进法治中国建设。”“完善以宪法为核心的中国特色社会主义法律体系。”法律体系通常是指一个国家全部现行法律规范分类组合为不同的法律部门而形成的有机联系的统一整体。建设工程法律体系，是指把已经制定和需要制定的建设工程方面的法律、行政法规、部门规章和地方法规、地方规章有机结合起来，形成的一个相互联系、相互补充、相互协调的完整统一的体系。

1.1.1 法律体系的基本框架

我国法律体系的基本框架是由宪法及宪法相关法、民法商法、行政法、经济法、社会法、刑法、诉讼与非诉讼程序法等构成的，具体见表 1–1。

表 1–1　我国法律体系的基本框架

类别	含义	举例
宪法及宪法相关法	宪法以法律的形式确认了中国各族人民奋斗的成果，规定了国家的根本制度和根本任务，是国家的根本法，具有最高的法律效力	《中华人民共和国宪法》 宪法相关法：《中华人民共和国全国人民代表大会组织法》《中华人民共和国地方各级人民代表大会和地方各级人民政府组织法》《中华人民共和国全国人民代表大会和地方各级人民代表大会选举法》《中华人民共和国民族区域自治法》等
民法商法	民法调整平等主体的自然人、法人和非法人组织之间的人身关系和财产关系。商法调整平等主体之间的商事关系，是民法的特别法和组成部分	《中华人民共和国民法典》《中华人民共和国公司法》《中华人民共和国保险法》《中华人民共和国证券法》《中华人民共和国招标投标法》等
行政法	行政法调整行政主体在行使行政职权和接受行政法制监督过程中与行政相对人、行政法制监督主体之间发生的各种关系，以及行政主体内部发生的各种关系	《中华人民共和国治安管理处罚法》《中华人民共和国行政诉讼法》《中华人民共和国公务员法》《中华人民共和国教育法》《中华人民共和国建筑法》《中华人民共和国环境影响评价法》《中华人民共和国城乡规划法》等

续表

类别	含义	举例
经济法	经济法调整国家宏观经济管理过程中所发生的社会关系	《中华人民共和国预算法》《中华人民共和国政府采购法》《中华人民共和国反垄断法》《中华人民共和国土地管理法》《中华人民共和国节约能源法》等
社会法	社会法调整劳动关系、社会保障和社会福利关系	《中华人民共和国未成年人保护法》《中华人民共和国残疾人保障法》《中华人民共和国安全生产法》《中华人民共和国劳动法》《中华人民共和国劳动合同法》等
刑法	刑法是规定犯罪和刑罚的法律	《中华人民共和国刑法》等
诉讼与非诉讼程序法	诉讼法是规定诉讼活动的法律规范的总称。非诉讼程序法是解决非诉讼案件的程序法	诉讼法:《中华人民共和国刑事诉讼法》《中华人民共和国民事诉讼法》《中华人民共和国行政诉讼法》;非诉讼程序法:《中华人民共和国人民调解法》《中华人民共和国仲裁法》《中华人民共和国公证法》

1.1.2 法的形式和效力层级

1. 法的形式

法的形式是指法律的创制方式和外部表现形式。我国法的形式是制定法形式，具体可以分为七类，见表 1-2。

表 1-2　我国法的形式

法的形式	含义	举例
宪法	由全国人民代表大会依照特别程序制定的具有最高效力的根本法	《中华人民共和国宪法》
法律	由全国人民代表大会和全国人民代表大会常务委员会制定颁布的规范性法律文件	《中华人民共和国建筑法》《中华人民共和国城乡规划法》《中华人民共和国安全生产法》等
行政法规	由国家最高行政机关国务院根据宪法和法律就有关执行法律和履行行政管理职权的问题，以及依据全国人民代表大会及其常务委员会特别授权所制定的规范性文件的总称	《建设工程质量管理条例》《建设工程安全生产管理条例》《建设工程勘察设计管理条例》《中华人民共和国招标投标法实施条例》等
地方性法规、自治条例和单行条例	地方性法规是指省、自治区、直辖市以及省级人民政府所在地的市、经济特区所在地的市和经国务院批准的较大的市的人民代表大会及其常务委员会制定的，只在本行政区域内具有法律效力的规范性文件	《北京市水污染防治条例》《北京市水利工程保护管理条例》《北京市建设工程质量条例》《郑州市建筑市场管理条例》《宁波市城市绿化条例》等
	自治条例和单行条例是指民族自治地方的人民代表大会依照当地民族的政治、经济和文化的特点制定的自治条例和单行条例	《阿坝藏族羌族自治州自治条例》《丰宁满族自治县自治条例》《海北藏族自治州城镇绿化管理条例》等

续表

法的形式	含义	举例
部门规章	由国务院各部、委员会，中国人民银行，审计署和具有行政管理功能的直属机构，根据法律和国务院的行政法规、决定、命令，在本部门的权限范围内制定的规章	《招标公告和公示信息发布管理办法》《政府采购货物和服务招标投标管理办法》《建筑工程施工许可管理办法》《建筑业企业资质管理规定》等
地方政府规章	由省、自治区、直辖市以及省级人民政府所在地的市和经国务院批准的较大的市人民地方政府制定颁布的规范性文件	《北京市建筑工程施工许可办法》《大连市民用建筑节能管理办法》《洛阳市城市建筑垃圾管理若干规定》等
国际条约	我国与外国缔结、参加、签订、加入、承认的双边、多边的条约、协定和其他具有条约性质的文件	《中华人民共和国和葡萄牙共和国关于移管被判刑人的条约》《中华人民共和国和乌兹别克斯坦共和国关于打击恐怖主义、分裂主义和极端主义的合作协定》等

2. 法的效力层级

法的效力层级，是指法律体系中各种法的形式，由于制定的主体、程序、时间、适用范围等的不同而具有不同的效力，由此形成法的效力等级体系。

（1）宪法至上。

党的二十大报告指出："坚持依法治国首先要坚持依宪治国，坚持依法执政首先要坚持依宪执政"。宪法具有最高的法律效力，一切法律、行政法规、地方性法规、自治条例和单行条例、规章都不得同宪法相抵触。

（2）上位法优于下位法。

法律的效力高于行政法规、地方性法规、规章。行政法规的效力高于地方性法规、规章。地方性法规的效力高于本级和下级地方政府规章。省、自治区的人民政府制定的规章的效力高于本行政区域内的设区的市、自治州的人民政府制定的规章。部门规章之间、部门规章与地方政府规章之间具有同等效力，在各自的权限范围内施行。

（3）特别法优于一般法，新法优于旧法。

同一机关制定的法律、行政法规、地方性法规、自治条例和单行条例、规章，特别规定与一般规定不一致的，适用特别规定；新的规定与旧的规定不一致的，适用新的规定。

（4）需要由有关机关裁决适用的情况。

法律之间对同一事项的新的一般规定与旧的特别规定不一致，不能确定如何适用时，由全国人民代表大会常务委员会裁决。

行政法规之间对同一事项的新的一般规定与旧的特别规定不一致，不能确定如何适用时，由国务院裁决。

地方性法规、规章之间不一致时，由有关机关依照下列规定的权限作出裁决：1）同一机关制定的新的一般规定与旧的特别规定不一致时，由制定机关裁决。2）地方性法规与部门规章之间对同一事项的规定不一致，不能确定如何适用时，由国务院提出意见。国务院认为应当适用地方性法规的，决定在该地方适用地方性法规的规定；认为应当适用部门规章的，提请全国人民代表大会常务委员会裁决。3）部门规章之间、部门规章与地方政府规章之间对同一事项的规定不一致时，由国务院裁决。

根据授权制定的法规与法律规定不一致，不能确定如何适用时，由全国人民代表大会常务委员会裁决。

1.1.3 建设工程法律关系

法律关系是指由法律规范所确定和调整的人与人或人与社会之间的权利义务关系。建设工程法律关系则是由建设法规所确认和调整的，在建设活动过程中产生的具有相关权利、义务内容的社会关系。建设工程法律关系包括建设工程法律关系主体、建设工程法律关系客体、建设工程法律关系内容三个要素。

1. 建设工程法律关系主体

建设工程法律关系主体是指参加建设活动，受建设法规调整，享有相应权利、承担相应义务的自然人、法人和非法人组织。

（1）自然人。

自然人是指基于出生而成为民事法律关系主体的有生命的人。自然人既包括本国公民，也包括外国人和无国籍人，他们都可以作为法律关系的主体。作为民事法律关系主体的自然人必须具备相应的民事权利能力和民事行为能力。

民事权利能力是指法律规定民事主体依法享有民事权利和承担民事义务的资格。自然人从出生时起到死亡时止，具有民事权利能力，依法享有民事权利，承担民事义务。

民事行为能力是指民事主体通过自己的行为取得民事权利和承担民事义务的资格。根据自然人的年龄和精神健康状况，可以将自然人分为完全民事行为能力人、限制民事行为能力人和无民事行为能力人。十八周岁以上的自然人为成年人。不满十八周岁的自然人为未成年人。成年人为完全民事行为能力人，可以独立实施民事法律行为。十六周岁以上的未成年人，以自己的劳动收入为主要生活来源的，视为完全民事行为能力人。八周岁以上的未成年人为限制民事行为能力人，实施民事法律行为由其法定代理人代理或者经其法定代理人同意、追认；但是，可以独立实施纯获利益的民事法律行为或者与其年龄、智力相适应的民事法律行为。不满八周岁的未成年人为无民事行为能力人，由其法定代理人代理实施民事法律行为。

（2）法人。

法人是具有民事权利能力和民事行为能力，依法独立享有民事权利和承担民事义务的组织。法人也具有行为能力，法人的民事行为能力是法律赋予法人独立进行民事活动的能力。法人的行为能力始于法人的成立，而止于法人的撤销。法人的法定代表人是自然人，他依照法律或者法人组织章程的规定，代表法人行使职权。

（3）非法人组织。

非法人组织是不具有法人资格，但是能够依法以自己的名义从事民事活动的组织。非法人组织包括个人独资企业、合伙企业、不具有法人资格的专业服务机构等。

2. 建设工程法律关系客体

建设工程法律关系客体，是指参加建设工程法律关系的主体享有的权利和承担的义务所共同指向的对象。建设工程法律关系的客体主要包括财、物、行为、非物质财富。

（1）财。

在建设工程法律关系中，表现为财的客体主要是建设资金，如固定资产投资贷款合同的标的，即一定数量的货币。

（2）物。

法律意义上的物是指可为人们控制并具有经济价值的生产资料和消费资料。在建设工程法律关系中，表现为物的客体主要是建筑材料、建筑设备、建筑物等。

（3）行为。

法律意义上的行为是指人的有意识的活动。在建设工程法律关系中，行为多表现为完成一定的工作，如勘察设计、施工安装等。

（4）非物质财富。

法律意义上的非物质财富是指人们脑力劳动的成果或智力方面的创作，也称智力成果。在建设工程法律关系中，对于设计单位提供的具有创造性的设计图纸，该设计单位享有专有权，使用单位未经允许不能无偿使用。

3. 建设工程法律关系内容

建设工程法律关系内容是指建设工程法律关系主体对他方享有的权利和负有的义务。建设工程法律关系内容由相关法律或合同来确定，它是连接主体的纽带。

（1）权利。

权利是指建设工程法律关系主体在法定范围内，按照合同的约定有权按照自己的意志作出某种行为。权利主体也可以要求义务主体作出一定的行为或不作出一定的行为，以实现自己的有关权利。当权利受到侵害时，有权得到法律保护。

（2）义务。

义务是指建设工程法律关系主体必须按法律规定或约定承担应负的责任。义务和权利是相互对应的，相应主体应自觉履行相对应的义务，否则，义务人应承担相应的法律责任。

导入案例解析一

1.2 建设工程法律制度

学习目标

- 了解法人成立应当具备的条件。
- 了解知识产权的基本特征。
- 熟悉法人的分类及其在建设工程中的作用。
- 熟悉物权的分类。
- 熟悉产品责任、建筑物和物件损害责任。
- 掌握代理种类和终止条件。
- 掌握担保的种类及特征。
- 掌握建筑工程一切险、安装工程一切险、第三者责任险的区别与联系。
- 能运用法人制度、代理制度、物权制度、债权制度、知识产权制度、担保制度、保险制度分析建设工程案例。

1.2.1 建设工程法人制度

1. 法人应当具备的条件

（1）依法成立。

法人不能自然产生，它的产生必须经过法定的程序。法人的设立目的和方式必须符合法律的规定。设立法人，法律、行政法规规定须经有关机关批准的，依照其规定。

（2）有自己的名称、组织机构、住所、财产或者经费。

法人的名称是法人相互区别的标志和法人进行活动时使用的代号。法人的组织机构是指对内管理法人事务、对外代表法人进行民事活动的机构。法人的住所则是法人进行业务活动的所在地，也是确定法律管辖的依据。法人以其主要办事机构所在地为住所。依法需要办理法人登记的，应当将主要办事机构所在地登记为住所。有必要的财产或者经费是法人进行民事活动的物质基础，它要求法人的财产或者经费必须与法人的经营范围或者设立目的相适应，否则不能被批准设立或者核准登记。

（3）能够独立承担民事责任。

法人必须能够以自己的财产或者经费承担在民事活动中的债务，在民事活动中给其他主体造成损失时能够承担赔偿责任。法人以其全部财产独立承担民事责任。

（4）有法定代表人。

依照法律或者法人章程的规定，代表法人从事民事活动的负责人，为法人的法定代表人。法定代表人以法人名义从事的民事活动，其法律后果由法人承受。

2. 法人的分类

法人分为营利法人、非营利法人和特别法人三大类。

（1）营利法人。

以取得利润并分配给股东等出资人为目的成立的法人，为营利法人。营利法人包括有限责任公司、股份有限公司和其他企业法人等。营利法人经依法登记成立。依法设立的营利法人，由登记机关发给营利法人营业执照。营业执照签发日期为营利法人的成立日期。

（2）非营利法人。

为公益目的或者其他非营利目的成立，不向出资人、设立人或者会员分配所取得利润的法人，为非营利法人。非营利法人包括事业单位、社会团体、基金会、社会服务机构等。

（3）特别法人。

机关法人、农村集体经济组织法人、城镇农村的合作经济组织法人、基层群众性自治组织法人，为特别法人。有独立经费的机关和承担行政职能的法定机构从成立之日起，具有机关法人资格，可以从事为履行职能所需要的民事活动。居民委员会、村民委员会具有基层群众性自治组织法人资格，可以从事为履行职能所需要的民事活动。

3. 法人在建设工程中的地位和作用

（1）地位。

在建设工程中，大多数建设活动主体都是法人。勘察设计单位、施工单位、监理单位通常都具有法人资格，建设单位一般也应当具有法人资格。

（2）作用。

建设工程领域曾经是以国有企业为主体的。在计划经济时期，从事建设活动的各企事业单位实际上是行政机关的附属，是不独立的。在市场经济条件下，每个法人都是独立的，可以独立开展建设活动。通过确认企业的法人地位，明确法人的独立财产责任，企业由国家行政部门的“附属物”变成了自主经营、自负盈亏的商品生产者和经营者，从而进一步促进企业加强经济核算和科学管理，增强企业在市场竞争中的活力与动力，为我国市场经济的发展和工程建设的顺利实施创造更好的条件。

4. 企业法人与项目经理部的法律关系

项目经理部是施工企业为了完成某项建设工程施工任务而设立的组织。项目经理部是由一个项目经理与技术、生产、材料、成本等管理人员组成的项目管理班子，是一次性的、具有弹性的现场生产组织机构。项目经理部不具备法人资格，而是施工企业根据建设工程施工项目而组建的非常设的下属机构。施工企业的项目经理根据企业法人的授权，全面负责建设工程施工项目的管理工作。由于项目经理部不具备独立的法人资格，无法独立承担民事责任，因此，项目经理部行为的法律后果由企业法人承担。例如，项目经理签字的材料款，如果不按时支付，发生诉讼时材料供应商应当以施工企业为被告提起诉讼。

导入案例
解析二

1.2.2 建设工程代理制度

2020 年 5 月 28 日，十三届全国人大三次会议通过的《中华人民共和国民法典》(以下简称《民法典》) 规定，民事主体可以通过代理人实施民事法律行为。代理人在代理权限内，以被代理人名义实施的民事法律行为，对被代理人发生效力。

1. 代理的分类

代理包括委托代理和法定代理。

（1）委托代理。

委托代理人按照被代理人的委托行使代理权。委托代理授权采用书面形式的，授权委托书应当载明代理人的姓名或者名称、代理事项、权限和期限，并由被代理人签名或者盖章。代理人知道或者应当知道代理事项违法仍然实施代理行为，或者被代理人知道或者应当知道代理人的代理行为违法未作反对表示的，被代理人和代理人应当承担连带责任。

（2）法定代理。

法定代理人依照法律的规定行使代理权。例如，《民法典》规定，无民事行为能力人、限制民事行为能力人的监护人是其法定代理人。

2.《民法典》对有关行为和责任的详细规定

（1）代理人不履行或者不完全履行职责，造成被代理人损害的，应当承担民事责任。代理人和相对人恶意串通，损害被代理人合法权益的，代理人和相对人应当承担连带责任。

（2）代理人知道或者应当知道代理事项违法仍然实施代理行为，或者被代理人知道或者应当知道代理人的代理行为违法未作反对表示的，被代理人和代理人应当承担连带责任。

（3）代理人不得以被代理人的名义与自己实施民事法律行为，但是被代理人同意或者追认的除外。代理人不得以被代理人的名义与自己同时代理的其他人实施民事法律行为，但是被代理的双方同意或者追认的除外。

（4）代理人需要转委托第三人代理的，应当取得被代理人的同意或者追认。转委托代理未经被代理人同意或者追认的，代理人应当对转委托的第三人的行为承担责任；但是，在紧急情况下代理人为了维护被代理人的利益需要转委托第三人代理的除外。

（5）行为人没有代理权、超越代理权或者代理权终止后，仍然实施代理行为，未经被代理人追认的，对被代理人不发生效力。行为人没有代理权、超越代理权或者代理权终止后，仍然实施代理行为，相对人有理由相信行为人有代理权的，代理行为有效。

3. 代理的终止

（1）委托代理的终止。

有下列情形之一的，委托代理终止：

1）代理期限届满或者代理事务完成。

2）被代理人取消委托或者代理人辞去委托。

3）代理人丧失民事行为能力。

4）代理人或者被代理人死亡。

5）作为代理人或者被代理人的法人、非法人组织终止。

被代理人死亡后，有下列情形之一的，委托代理人实施的代理行为有效：

1）代理人不知道且不应当知道被代理人死亡。

2）被代理人的继承人予以承认。

3）授权中明确代理权在代理事务完成时终止。

4）被代理人死亡前已经实施，为了被代理人的继承人的利益继续代理。

作为被代理人的法人、非法人组织终止的，参照上述规定。

（2）法定代理的终止。

有下列情形之一的，法定代理终止：

1）被代理人取得或者恢复完全民事行为能力。

2）代理人丧失民事行为能力。

3）代理人或者被代理人死亡。

4）法律规定的其他情形。

导入案例
解析三

1.2.3 建设工程物权制度

物权是权利人依法对特定的物享有直接支配和排他的权利，包括所有权、用益物权和担保物权。在建设工程活动中涉及的许多权利都源于物权。

1. 物权的主要种类

（1）所有权。

所有权人对自己的不动产或者动产，依法享有占有、使用、收益和处分的权利。

（2）用益物权。

用益物权人对他人所有的不动产或者动产，依法享有占有、使用和收益的权利。用益物权包括土地承包经营权、建设用地使用权、宅基地使用权、居住权、地役权等。

1）土地承包经营权。

农民集体所有和国家所有由农民集体使用的耕地、林地、草地以及其他用于农业的土地，依法实行土地承包经营制度。土地承包经营权人依法对其承包经营的耕地、林地、草地等享有占有、使用和收益的权利，有权从事种植业、林业、畜牧业等农业生产。土地承包经营权自土地承包经营权合同生效时设立。登记机构应当向土地承包经营权人发放土地承包经营权证、林权证等证书，并登记造册，确认土地承包经营权。

2）建设用地使用权。

建设用地使用权人依法对国家所有的土地享有占有、使用和收益的权利，有权利用该土地建造建筑物、构筑物及其附属设施。设立建设用地使用权的，应当向登记机构申请建设用地使用权登记。建设用地使用权自登记时设立。登记机构应当向建设用地使用权人发放权属证书。

3）宅基地使用权。

宅基地使用权人依法对集体所有的土地享有占有和使用的权利，有权依法利用该土地建造住宅及其附属设施。

4）居住权。

居住权人有权按照合同约定，对他人的住宅享有占有、使用的用益物权，以满足生活居住的需要。设立居住权，当事人应当采用书面形式订立居住权合同。设立居住权的，应当向登记机构申请居住权登记。居住权自登记时设立。

5）地役权。

地役权人有权按照合同约定，利用他人的不动产，以提高自己的不动产的效益。设立地役权，当事人应当采用书面形式订立地役权合同。地役权自地役权合同生效时设立。当事人要求登记的，可以向登记机构申请地役权登记；未经登记，不得对抗善意第三人。

（3）担保物权。

担保物权人在债务人不履行到期债务或者发生当事人约定的实现担保物权的情形，依法享有就担保财产优先受偿的权利，但是法律另有规定的除外。债权人在借贷、买卖等民事活动中，为保障实现其债权，需要担保的，可以依照《民法典》和其他法律的规定设立担保物权。

2. 物权的设立、变更、转让、消灭和保护

（1）不动产物权的设立、变更、转让和消灭。

不动产物权的设立、变更、转让和消灭，经依法登记，发生效力；未经登记，不发生效力，但是法律另有规定的除外。依法属于国家所有的自然资源，所有权可以不登记。不动产登记，由不动产所在地的登记机构办理。

（2）动产物权的设立和转让。

动产物权的设立和转让，自交付时发生效力，但是法律另有规定的除外。船舶、航空器和机动车等的物权的设立、变更、转让和消灭，未经登记，不得对抗善意第三人。

（3）物权的保护。

物权受到侵害的，权利人可以通过和解、调解、仲裁、诉讼等途径解决。因物权的归属、内容发生争议的，利害关系人可以请求确认权利。无权占有不动产或者动产的，权利人可以请求返还原物。妨害物权或者可能妨害物权的，权利人可以请求排除妨害或者消除危险。造成不动产或者动产毁损的，权利人可以依法请求修理、重作、更换或者恢复原状。侵害物权，造成权利人损害的，权利人可以依法请求损害赔偿，也可以依法请求侵权人承担其他民事责任。

1.2.4 建设工程债权制度

债权是因合同、侵权行为、无因管理、不当得利以及法律的其他规定，权利人请求特定义务人为或者不为一定行为的权利。

1. 债的发生根据

（1）合同。

合同是民事主体之间设立、变更、终止民事法律关系的协议。当事人之间通过订立合同设立的以债权债务为内容的民事法律关系，称为合同之债。建设工程债的产生，最主要的依据也是合同。施工合同的订立，会在施工单位与建设单位之间产生债；材料设备买卖合同的订立，会在施工单位与材料设备供应商之间产生债的关系。

（2）侵权行为。

侵权行为是指侵害他人财产或人身权利的违法行为。侵权行为一经发生，即在侵权行为人和被侵权人之间形成债的关系。这种因侵权行为而产生的债，称为侵权之债。在建设工程活动中也常产生侵权之债，如施工现场的施工噪声，有可能产生侵权之债。

（3）无因管理。

无因管理是指没有法定的或者约定的义务，为避免他人利益受损失而进行管理或者服务的行为。无因管理发生后，管理人依法有权要求受益人偿付因其实施无因管理而支付的必要费用。这种由于无因管理而产生的债，称为无因管理之债。

（4）不当得利。

不当得利是指没有合法依据，取得不当利益，造成他人损失。当发生不当得利时，由于一方取得的利益没有法律或合同根据且给他人造成损害，在这种情况下，受损失一方依法有请求不当得利人返还其所得利益的权利，而不当得利人则依法负有返还义务。这样，在当事人之间即发生债权债务关系。这种因不当得利所发生的债，称为不当得利之债。

2. 侵权责任

侵权责任是指民事主体因实施侵权行为而应承担的民事法律后果。

（1）责任构成和损害赔偿。

1）责任构成。

第一，侵权行为的归责。

《民法典》规定，行为人因过错侵害他人民事权益造成损害的，应当承担侵权责任。依照法律规定推定行为人有过错，其不能证明自己没有过错的，应当承担侵权责任。行为人造成他人民事权益损害，不论行为人有无过错，法律规定应当承担侵权责任的，依照其规定。

二人以上共同实施侵权行为，造成他人损害的，应当承担连带责任。教唆、帮助他人实施侵权行为的，应当与行为人承担连带责任。二人以上实施危及他人人身、财产安全的行为，其中一人或者数人的行为造成他人损害，能够确定具体侵权人的，由侵权人承担责任；不能确定具体侵权人的，行为人承担连带责任。二人以上分别实施侵权行为造成同一损害，每个人的侵权行为都足以造成全部损害的，行为人承担连带责任。二人以上分别实施侵权行为造成同一损害，能够确定责任大小的，各自承担相应的责任；难以确定责任大小的，平均承担责任。

第二，侵权责任的承担方式。

侵权行为危及他人人身、财产安全的，被侵权人有权请求侵权人承担停止侵害、排除妨碍、消除危险等侵权责任。

2）损害赔偿。

第一，损害赔偿的范围。

侵害他人造成人身损害的，应当赔偿医疗费、护理费、交通费、营养费、住院伙食补助费等为治疗和康复支出的合理费用，以及因误工减少的收入。造成残疾的，还应当赔偿辅助器具费和残疾赔偿金；造成死亡的，还应当赔偿丧葬费和死亡赔偿金。因同一侵权行为造成多人死亡的，可以以相同数额确定死亡赔偿金。

侵害自然人人身权益造成严重精神损害的，被侵权人有权请求精神损害赔偿。因故意或者重大过失侵害自然人具有人身意义的特定物造成严重精神损害的，被侵权人有权请求精神损害赔偿。

第二，赔偿数额的确定。

侵害他人人身权益造成财产损失的，按照被侵权人因此受到的损失或者侵权人因此获得的利益赔偿；被侵权人因此受到的损失以及侵权人因此获得的利益难以确定，被侵权人和侵权人就赔偿数额协商不一致，向人民法院提起诉讼的，由人民法院根据实际情况确定赔偿数额。

侵害他人财产的，财产损失按照损失发生时的市场价格或者其他合理方式计算。故意侵害他人知识产权，情节严重的，被侵权人有权请求相应的惩罚性赔偿。

第三，赔偿费用的支付方式。

损害发生后，当事人可以协商赔偿费用的支付方式。协商不一致的，赔偿费用应当一次性支付；一次性支付确有困难的，可以分期支付，但是被侵权人有权请求提供相应的担保。

（2）产品责任。

《民法典》规定，因产品存在缺陷造成他人损害的，生产者应当承担侵权责任。

1）被侵权人请求损害赔偿的途径。

因产品存在缺陷造成他人损害的，被侵权人可以向产品的生产者请求赔偿，也可以向产品的销售者请求赔偿。产品缺陷由生产者造成的，销售者赔偿后，有权向生产者追偿。因销售者的过错使产品存在缺陷的，生产者赔偿后，有权向销售者追偿。因运输者、仓储者等第三人的过错使产品存在缺陷，造成他人损害的，产品的生产者、销售者赔偿后，有权向第三人追偿。

2）流通后发现有缺陷的补救措施。

产品投入流通后发现存在缺陷的，生产者、销售者应当及时采取停止销售、警示、召回等补救措施；未及时采取补救措施或者补救措施不力造成损害扩大的，对扩大的损害也应当承担侵权责任。依据上述规定采取召回措施的，生产者、销售者应当负担被侵权人因此支出的必要费用。

3）产品责任惩罚性赔偿。

明知产品存在缺陷仍然生产、销售，或者没有依据上述规定采取有效补救措施，造成他人死亡或者健康严重损害的，被侵权人有权请求相应的惩罚性赔偿。

（3）建筑物和物件损害责任。

1）建筑物、构筑物或者其他设施倒塌、塌陷致害责任。

建筑物、构筑物或者其他设施倒塌、塌陷造成他人损害的，由建设单位与施工单位承担连带责任，但是建设单位与施工单位能够证明不存在质量缺陷的除外。建设单位、施工单位赔偿后，有其他责任人的，有权向其他责任人追偿。因所有人、管理人、使用人或者第三人的原因，建筑物、构筑物或者其他设施倒塌、塌陷造成他人损害的，由所有人、管理人、使用人或者第三人承担侵权责任。

2）建筑物、构筑物或者其他设施脱落、坠落致害责任。

建筑物、构筑物或者其他设施及其搁置物、悬挂物发生脱落、坠落造成他人损害，所有人、管理人或者使用人不能证明自己没有过错的，应当承担侵权责任。所有人、管理人或者使用人赔偿后，有其他责任人的，有权向其他责任人追偿。

3）不明抛掷物、坠落物致害责任。

禁止从建筑物中抛掷物品。从建筑物中抛掷物品或者从建筑物上坠落的物品造成他人损害的，由侵权人依法承担侵权责任；经调查难以确定具体侵权人的，除能够证明自己不是侵权人的外，由可能加害的建筑物使用人给予补偿。可能加害的建筑物使用人补偿后，有权向侵权人追偿。物业服务企业等建筑物管理人应当采取必要的安全保障措施防止上述规定情形的发生；未采取必要的安全保障措施的，应当依法承担未履行安全保障义务的侵权责任。

4）堆放物倒塌、滚落或者滑落致害责任。

堆放物倒塌、滚落或者滑落造成他人损害，堆放人不能证明自己没有过错的，应当承担侵权责任。在公共道路上堆放、倾倒、遗撒妨碍通行的物品造成他人损害的，由行为人承担侵权责任。公共道路管理人不能证明已经尽到清理、防护、警示等义务的，应当承担相应的责任。

5）公共场所或者道路上施工致害责任和窨井等地下设施致害责任。

在公共场所或者道路上挖掘、修缮安装地下设施等造成他人损害，施工人不能证明已经设置明显标志和采取安全措施的，应当承担侵权责任。窨井等地下设施造成他人损害，管理人不能证明尽到管理职责的，应当承担侵权责任。

1.2.5 建设工程知识产权制度

按照《民法典》的规定，知识产权是权利人依法就下列客体享有的专有的权利：作品；发明、实用新型、外观设计；商标；地理标志；商业秘密；集成电路布图设计；植物新品种；法律规定的其他客体。

1. 知识产权的基本特征

（1）财产权和人身权的双重属性。

其他的民事权利都只有财产权或人身权的单一属性，只有知识产权具有财产权和人身权的双重属性。

（2）专有性。

权利人对智力成果享有专有权，其他人若要利用这一成果必须经过权利人同意，否则构成侵权。

（3）地域性。

知识产权在空间上的效力受到地域的限制，其效力只及于确认和保护知识产权的一国法律所能及的地域内。

（4）期限性。

知识产权仅在法律规定的期限内受到法律的保护，一旦超过法定期限，这一权利就自行消灭，该智力成果就成为整个社会的共同财富，为全人类共同所有。

2. 建设工程知识产权的常见种类

（1）著作权。

著作权，是指作者及其他著作权人依法对文学、艺术和科学作品所享有的专有权。著作权保护的客体是作品。在建设工程活动中产生的作品主要有文字作品、建筑作品、图形作品。文字作品包括建设单位编制的招标文件、施工单位编制的投标文件、项目经理完成的工作报告等。建筑作品，是指以建筑物或者构筑物形式表现的有审美意义的作品。图形作品包括工程设计图、产品设计图、地图、示意图等作品。

在建设工程活动中，有些作品属于单位作品，有些作品属于委托作品，有些作品属于职务作品。招标文件、投标文件等单位作品的著作权完全归单位所有。受委托创作的作品，著作权的归属由委托人和受托人通过合同约定。合同未作明确约定或者没有订立合同的，著作权属于受托人。比如，勘察设计文件是勘察设计单位接受建设单位委托创作的委托作品，建设单位是委托人，勘察设计单位是受托人。自然人为完成法人或者非法人组织工作任务所创作的作品是职务作品，除法律、行政法规规定或者合同约定著作权由法人或者非法人组织享有的职务作品以外，著作权由作者享有，但法人或者非法人组织有权在其业务范围内优先使用。作品完成两年内，未经单位同意，作者不得许可第三人以与单位使用的相同方式使用该作品。主要是利用法人或者非法人组织的物质技术条件创作，并由法人或者非法人组织承担责任的工程设计图、产品设计图、地图、计算机软件等职务作品，法律、行政法规规定或者合同约定著作权由法人或者非法人组织享有的职务作品，作者享有署名权，著作权的其他权利由法人或者非法人组织享有，法人或者非法人组织可以给予作者奖励。

作者的署名权、修改权、保护作品完整权的保护期不受限制。自然人的作品，其发表权、复制权、发行权和出租权等权利的保护期为作者终生及其死后 50 年，截止于作者（如果是合作作品截止于最后死亡的作者）死亡后第 50 年的 12 月 31 日。法人或者非法人组织的作品、著作权（署名权除外）由法人或者非法人组织享有的职务作品，其发表权、复制权、发行权和出租权等权利的保护期为 50 年，截止于作品首次发表后第 50 年的 12 月 31 日，但作品自创作完成后 50 年内未发表的，《中华人民共和国著作权法》（2020 年修正，以下简称《著作权法》）不再保护。

（2）专利权。

专利权是指专利权人在法律规定的范围内独占使用、收益、处分其发明创造，并排除他人干涉的权利。根据《中华人民共和国专利法》（2020 年修正，以下简称《专利法》）的规定，发明创造是指发明、实用新型和外观设计。发明，是指对产品、方法或者其改进所提出的新的技术方案。实用新型，是指对产品的形状、构造或者其结合所提出的适于实用的新的技术方案。外观设计，是指对产品的整体或者局部的形状、图案或者其结合以及色彩与形状、图案的结合所作出的富有美感并适于工业应用的新设计。

执行本单位的任务或者主要是利用本单位的物质技术条件所完成的发明创造为职务发明创造。职务发明创造申请专利的权利属于该单位；申请被批准后，该单位为专利权人。非职务发明创造，申请专利的权利属于发明人或者设计人；申请被批准后，该发明人或者设计人为专利权人。利用本单位的物质技术条件所完成的发明创造，单位与发明人或者设计人订有合同，对申请专利的权利和专利权的归属作出约定的，从其约定。两个以上单位或者个人合作完成的发明创造、一个单位或者个人接受其他单位或者个人委托所完成的发明创造，除另有协议的以外，申请专利的权利属于完成或者共同完成的单位或者个人；申请被批准后，申请的单位或者个人为专利权人。发明人或者设计人有权在专利文件中写明自己是发明人或者设计人。

发明专利权的期限为20年，实用新型专利权的期限为10年，外观设计专利权的期限为15年，均自申请日起计算。国务院专利行政部门收到专利申请文件之日为申请日。如果申请文件是邮寄的，以寄出的邮戳日为申请日。

（3）商标权。

商标是用来区别一个经营者的商品或服务和其他经营者的商品或服务的标记。根据《中华人民共和国商标法》（2019年修正，以下简称《商标法》）的规定，自然人、法人或者其他组织在生产经营活动中，对其商品或者服务需要取得商标专用权的，应当向商标局申请商标注册。经商标局核准注册的商标为注册商标，包括商品商标、服务商标和集体商标、证明商标；商标注册人享有商标专用权，受法律保护。任何能够将自然人、法人或者其他组织的商品与他人的商品区别开的标志，包括文字、图形、字母、数字、三维标志、颜色组合和声音等，以及上述要素的组合，均可以作为商标申请注册。

注册商标的有效期为10年，自核准注册之日起计算。注册商标有效期满，需要继续使用的，商标注册人应当在期满前12个月内按照规定办理续展手续；在此期间未能办理的，可以给予6个月的宽展期。每次续展注册的有效期为10年，自该商标上一届有效期满次日起计算。期满未办理续展手续的，注销其注册商标。

1.2.6 建设工程担保制度

1. 担保的概念

担保是指当事人根据法律规定或者双方约定，为促使债务人履行债务实现债权人的权利的法律制度。债权人在借贷、买卖等民事活动中，为保障实现其债权，需要担保的，可以依照《民法典》和其他法律的规定设立担保物权。设立担保物权，应当依照《民法典》和其他法律的规定订立担保合同。担保合同包括抵押合同、质押合同和其他具有担保功能的合同。担保合同是主债权债务合同的从合同。主债权债务合同无效的，担保合同无效，但是法律另有规定的除外。

担保物权的担保范围包括主债权及其利息、违约金、损害赔偿金、保管担保财产和实现担保物权的费用。担保期间，担保财产毁损、灭失或者被征收等，担保物权人可以就获得的保险金、赔偿金或者补偿金等优先受偿。被担保债权的履行期限未届满的，也可以提存该保险金、赔偿金或者补偿金等。担保物权包括抵押权、质权、留置权。

2. 抵押权

为担保债务的履行，债务人或者第三人不转移财产的占有，将该财产抵押给债权人的，债务人不履行到期债务或者发生当事人约定的实现抵押权的情形，债权人有权就该财产优先受偿。债务人或者第三人为抵押人，债权人为抵押权人，提供担保的财产为抵押财产。

（1）抵押物。

债务人或者第三人有权处分的下列财产可以抵押：

1）建筑物和其他土地附着物。

2）建设用地使用权。

3）海域使用权。

4）生产设备、原材料、半成品、产品。

5）正在建造的建筑物、船舶、航空器。

6）交通运输工具。

7）法律、行政法规未禁止抵押的其他财产。

以建筑物抵押的，该建筑物占用范围内的建设用地使用权一并抵押。以建设用地使用权抵押的，该土地上的建筑物一并抵押。

下列财产不得抵押：

1）土地所有权。

2）宅基地、自留地、自留山等集体所有土地的使用权，但是法律规定可以抵押的除外。

3）学校、幼儿园、医疗机构等为公益目的成立的非营利法人的教育设施、医疗卫生设施和其他公益设施。

4）所有权、使用权不明或者有争议的财产。

5）依法被查封、扣押、监管的财产。

6）法律、行政法规规定不得抵押的其他财产。

以建筑物和其他土地附着物、建设用地使用权、海域使用权或者正在建造的建筑物抵押的，应当办理抵押登记。抵押权自登记时设立。以动产抵押的，抵押权自抵押合同生效时设立；未经登记，不得对抗善意第三人。以动产抵押的，不得对抗正常经营活动中已经支付合理价款并取得抵押财产的买受人。抵押权设立前，抵押财产已经出租并转移占有的，原租赁关系不受该抵押权的影响。

（2）抵押权的实现。

债务人不履行到期债务或者发生当事人约定的实现抵押权的情形，抵押权人可以与抵押人协议以抵押财产折价或者以拍卖、变卖该抵押财产所得的价款优先受偿。抵押财产折价或者拍卖、变卖后，其价款超过债权数额的部分归抵押人所有，不足部分由债务人清偿。建设用地使用权抵押后，该土地上新增的建筑物不属于抵押财产。该建设用地使用权实现抵押权时，应当将该土地上新增的建筑物与建设用地使用权一并处分。但是，新增建筑物所得的价款，抵押权人无权优先受偿。

同一财产向两个以上债权人抵押的，拍卖、变卖抵押财产所得的价款依照下列规定清偿：

1）抵押权已经登记的，按照登记的时间先后确定清偿顺序。

2）抵押权已经登记的先于未登记的受偿。

3）抵押权未登记的，按照债权比例清偿。

3. 质权

质权包括动产质权和权利质权。

（1）动产质权。

为担保债务的履行，债务人或者第三人将其动产出质给债权人占有的，债务人不履行到期债务或者发生当事人约定的实现质权的情形，债权人有权就该动产优先受偿。债务人或者第三人为出质人，债权人为质权人，交付的动产为质押财产。质权自出质人交付质押财产时设立。

质权人在质权存续期间，未经出质人同意，擅自使用、处分质押财产，造成出质人损害的，应当承担赔偿责任。质权人负有妥善保管质押财产的义务；因保管不善致使质押财产毁损、灭失的，应当承担赔偿责任。

债务人履行债务或者出质人提前清偿所担保的债权的，质权人应当返还质押财产。债务人不履行到期债务或者发生当事人约定的实现质权的情形，质权人可以与出质人协议以质押财产折价，也可以就拍卖、变卖质押财产所得的价款优先受偿。质押财产折价或者拍卖、变卖后，其价款超过债权数额的部分归出质人所有，不足部分由债务人清偿。

（2）权利质权。

债务人或者第三人有权处分的下列权利可以出质：

1）汇票、本票、支票。

2）债券、存款单。

3）仓单、提单。

4）可以转让的基金份额、股权。

5）可以转让的注册商标专用权、专利权、著作权等知识产权中的财产权。

6）现有的以及将有的应收账款。

7）法律、行政法规规定可以出质的其他财产权利。

以汇票、本票、支票、债券、存款单、仓单、提单出质的，质权自权利凭证交付质权人时设立；没有权利凭证的，质权自办理出质登记时设立。法律另有规定的，依照其规定。以基金份额、股权出质的，以注册商标专用权、专利权、著作权等知识产权中的财产权出质的，以及以应收账款出质的，质权自办理出质登记时设立。

4. 留置权

债务人不履行到期债务，债权人可以留置已经合法占有的债务人的动产，并有权就该动产优先受偿。债权人为留置权人，占有的动产为留置财产。留置财产为可分物的，留置财产的价值应当相当于债务的金额。留置权人负有妥善保管留置财产的义务；因保管不善致使留置财产毁损、灭失的，应当承担赔偿责任。

留置权人与债务人应当约定留置财产后的债务履行期限；没有约定或者约定不明确的，留置权人应当给债务人 60 日以上履行债务的期限，但是鲜活易腐等不易保管的动产除外。债务人逾期未履行的，留置权人可以与债务人协议以留置财产折价，也可以就拍卖、变卖留置财产所得的价款优先受偿。留置财产折价或者拍卖、变卖后，其价款超过债权数额的部分归债务人所有，不足部分由债务人清偿。同一动产上已经设立抵押权或者质权，该动产又被留置的，留置权人优先受偿。

1.2.7 建设工程保险制度

1. 保险的概念

根据《中华人民共和国保险法》（2015 年修正，以下简称《保险法》）的规定，保险是指投保人根据合同约定，向保险人支付保险费，保险人对于合同约定的可能发生的事故因其发生所造成的财产损失承担赔偿保险金责任，或者当被保险人死亡、伤残、疾病或者达到合同约定的年龄、期限等条件时承担给付保险金责任的商业保险行为。

保险合同是投保人与保险人约定保险权利义务关系的协议。投保人是指与保险人订立保险合同，并按照合同约定负有支付保险费义务的人。保险人是指与投保人订立保险合同，并按照合同约定承担赔偿或者给付保险金责任的保险公司。

2. 建设工程保险

（1）建设工程保险的种类。

建设工程活动涉及的险种主要包括：建筑工程一切险（及第三者责任险）、安装工程一切险（及第三者责任险）、机器损坏险、机动车辆险、人身意外伤害险、货物运输险等。其中，建筑工程一切险（及第三者责任险）和安装工程一切险（及第三者责任险）是针对工程的保险。

（2）保险责任范围。

建筑工程一切险是承保各类民用、工业和公用事业建筑工程项目，包括道路、桥梁、水坝、港口等，在建造过程中因自然灾害或意外事故而引起的一切损失的险种。安装工程一切险是承保安装机器、设备、储油罐、钢结构工程、起重机、吊车以及包含机械工程因素的各种建造工程的险种。保险人对下列原因造成的损失和费用，负责赔偿：1）自然事件，指地震、海啸、雷电、飓风、台风、龙卷风、风暴、暴雨、洪水、水灾、冻灾、冰雹、地崩、山崩、雪崩、火山爆发、地面下陷下沉及其他人力不可抗拒的破坏力强大的自然现象；2）意外事故，指不可预料的以及被保险人无法控制并造成物质损失或人身伤亡的突发性事件，包括火灾和爆炸。

第三者责任险是指在保险有效期内因施工工地上发生意外事故造成施工工地及邻近地区的第三者人身伤亡或财产损失，依法应由被保险人承担的经济赔偿责任。建筑工程一切险和安装工程一切险如果加保第三者责任险，保险人对下列原因造成的损失和费用，负责赔偿：1）在保险期限内，因发生与所保工程直接相关的意外事故引起工地内及邻近区域的第三者人身伤亡、疾病或财产损失；2）被保险人因上述原因支付的诉讼费用以及事先经保险人书面同意而支付的其他费用。

（3）保险期限。

建筑工程一切险和安装工程一切险的保险责任自保险工程在工地动工或用于保险工程的材料、设备运抵工地之时起始，至工程所有人对部分或全部工程签发完工验收证书或验收合格，或工程所有人实际占用或使用或接受该部分或全部工程之时终止，以先发生者为准。但在任何情况下，保险期限的起始或终止都不得超出保险单明细表中列明的保险生效日或终止日。

技能检测

一、单选题

1. 下列规范性文件中，效力最高的是（　　）。

A. 行政法规　　B. 司法解释　　C. 地方性法规　　D. 行政规章

2. 施工企业项目经理部经营活动的法律后果由（　　）。

A. 项目经理承担　　B. 企业法人承担

C. 企业法定代表人承担　　D. 项目经理部与企业法人共同承担

3. 下列情形中，不能导致建设工程代理行为终止的是（　　）。

A. 代理人的法定代表人死亡的　　B. 代理期限届满的

C. 被代理人取消委托的　　D. 作为代理人的组织终止的

4. 关于侵权损害赔偿的说法，正确的是（　　）。

A. 侵害他人造成他人死亡的，仅需赔偿死亡赔偿金

B. 二人以上共同实施侵权行为，造成他人损害的，应当由主要责任人承担责任

C. 二人以上分别实施侵权行为造成同一损害，应当平均承担责任

D. 二人以上依法承担连带责任的，权利人有权请求部分或者全部连带责任人承担责任

5. 关于从建筑物中抛掷物品致人损害责任承担的说法，正确的是（　　）。

A. 由物业服务企业承担侵权责任

B. 由侵权人和物业服务企业共同承担侵权责任

C. 由建筑物的所有使用人共同给予补偿

D. 难以确定具体侵权人的，由可能加害的建筑物使用人给予补偿

6. 主债权债务合同无效，担保合同（　　），但法律另有规定的除外。

A. 仍然有效　　B. 无效

C. 在担保期间内有效　　D. 效力待定

7. 以建筑物抵押的，抵押权自（　　）时设立。

A. 合同签订　　B. 备案

C. 交付　　D. 登记

8. 下列财产不得抵押的是（　　）。

A. 正在建造的航空器　　B. 土地所有权

C. 生产原材料　　D. 荒地承包经营权

9. 出质人可以提供（　　）办理质押担保。

A. 个人房产　　B. 国有企业厂房

C. 依法可以转让的股票　　D. 土地

10. 关于留置的说法，正确的是（　　）。

A. 留置的标的是不动产

B. 不转移对物的占有是留置与质押的显著区别

C. 留置权人负有妥善保管留置财产的义务

D. 留置物留置期间债权人不能与债务人协议处理留置物

二、多选题

1. 建设法律关系的构成要素包括（　　）。

A. 主体　　B. 形式　　C. 客体

D. 目标　　E. 内容

2. 下列法律关系的客体属于物的是（　　）。

A. 钢材　　B. 塔吊　　C. 检查验收

D. 施工安装　　E. 设计图纸

3. 下列代理行为中应当由被代理人承担法律后果的是（　　）。

A. 某企业的项目经理部签订了一份材料购买合同

B. 已经被辞退的王某持有单位盖章的空白合同书以单位的名义与某厂订立了一份合同

C. 李某与第三人串通以合同的形式损害了被代理人的利益

D. 普通职工赵某未经授权擅自以所在单位的名义订立了一份合同

E. 某分公司以总公司的名义订立了一份供销合同

4. 关于建筑物倒塌致人损害责任承担的说法，正确的有（　　）。

A. 由施工单位独立承担责任

B. 由建设单位独立承担责任

C. 由建设单位与施工单位承担连带责任

D. 建设单位与施工单位能够证明建筑物不存在质量缺陷的，不承担责任

E. 因建筑物所有人的原因造成建筑物倒塌的，由所有人承担责任

5. 建筑工程一切险加保了第三者责任险，下列事件中保险公司应承担赔偿责任的有（　　）。

A. 工地内第三者对工程造成损害

B. 工地外第三者对工程造成损害

C. 与工程直接相关的意外事故引起工地邻近区域的第三者人身伤亡

D. 与工程直接相关的意外事故引起工地内第三者伤亡

E. 承包商基础土方开挖破坏了图样上未标明的市政供水管道而造成损害

三、案例分析题

甲建筑公司（以下简称甲公司）中标了某酒店工程，负责施工总承包。甲公司将该酒店工程的水电安装部分分包给了乙安装公司（以下简称乙公司）。甲公司驻该项目的项目

经理张某和乙公司驻该项目的项目经理赵某是同窗好友。甲公司在该项目上需租赁部分脚手架，但资金紧张。张某听说赵某与丙租赁公司关系密切，便找到赵某帮忙赊租脚手架。赵某答应了张某的请求。随后，张某将盖有甲公司合同专用章的空白合同书及该单位的空白介绍信交给赵某。赵某持甲公司的介绍信（没有注明租赁的财产）和空白合同书找到丙租赁公司，要求租赁脚手架。由于赵某出具的介绍信与空白合同书均盖有甲公司的公章，丙租赁公司经过审查确信其有授权，于是签订了租赁合同。丙租赁公司按照合同约定将脚手架交给赵某，但赵某将脚手架用到了由他负责的其他工程上。后丙租赁公司多次向甲公司催要价款无果后，将甲公司诉至人民法院。

问题：

甲公司是否应承担租赁脚手架费用的给付义务?

单元 2　施工许可法律制度

单元导读

本单元主要讲解建设工程施工许可法律制度。建设工程施工活动的专业性、技术性极强，因此，对建设工程是否具备施工条件以及对从业单位、专业技术人员进行严格的过程管控，对于规范建设市场秩序，保证工程质量和安全施工，保障公民生命财产安全和国家财产安全，提高投资效益，都意义重大。本单元所涉及的法律制度在建设活动中应用广泛，是建造师执业资格考试的必考内容，但是分值占比相对较低。

单元重点

1. 施工许可证的申请主体和法定批准条件。

2. 建造师的基本权利和义务。

素养提升

学习施工许可的申请、建造师的执业资格、企业资质和业务范围，在从业过程中树立规范意识、诚信意识和责任意识，自觉抵制企业资质“挂靠”、建造师证书“挂靠”等违法行为。

导入案例

2.1 建设工程施工许可制度

学习目标

- 了解施工许可证和开工报告制度的适用范围。
- 掌握施工许可证的申请主体和法定批准条件。
- 熟悉延期开工、核验和重新办理批准的规定。
- 能运用建设工程施工许可制度相关知识分析建设工程案例。

2019 年 4 月经修改后公布的《中华人民共和国建筑法》(以下简称《建筑法》)规定，建筑工程开工前，建设单位应当按照国家有关规定向工程所在地县级以上人民政府建设行政主管部门申请领取施工许可证；但是，国务院建设行政主管部门确定的限额以下的小型工程除外。按照国务院规定的权限和程序批准开工报告的建筑工程，不再领取施工许可证。

2.1.1 施工许可证和开工报告的适用范围

我国目前对建设工程开工条件的审批，存在着颁发“施工许可证”和批准“开工报告”两种形式。多数工程是办理施工许可证，少数工程则为批准开工报告。

1. 施工许可证的适用范围

(1)需要办理施工许可证的建设工程。

2021 年 3 月 30 日住房和城乡建设部经修改后发布的《建筑工程施工许可管理办法》规定，在中华人民共和国境内从事各类房屋建筑及其附属设施的建造、装修装饰和与其配套的线路、管道、设备的安装，以及城镇市政基础设施工程的施工，建设单位在开工前应当依照本办法的规定，向工程所在地的县级以上地方人民政府住房和城乡建设主管部门申请领取施工许可证。

(2)不需要办理施工许可证的建设工程。

1)限额以下的小型工程。

按照《建筑法》的规定，国务院建设行政主管部门确定的限额以下的小型工程，可以不申请办理施工许可证。据此，《建筑工程施工许可管理办法》规定，工程投资额在 30 万元以下或者建筑面积在 $300m^2$ 以下的建筑工程，可以不申请办理施工许可证。

2）抢险救灾等工程。

《建筑法》规定，抢险救灾及其他临时性房屋建筑和农民自建低层住宅的建筑活动，不适用本法。因此，上述工程无须办理施工许可证。

（3）不重复办理施工许可证的建设工程。

《建筑法》规定，按照国务院规定的权限和程序批准开工报告的建筑工程，不再领取施工许可证。这有两层含义：一是实行开工报告批准制度的建设工程，必须符合国务院的规定，其他任何部门的规定无效；二是开工报告与施工许可证不要重复办理。

（4）另行规定的建设工程。

《建筑法》规定，军用房屋建筑工程建筑活动的具体管理办法，由国务院、中央军事委员会依据本法制定。

2. 开工报告制度的适用范围

开工报告制度是我国沿用已久的一项建设项目开工管理制度。1979 年，国家计划委员会、国家基本建设委员会设立了该项制度，1984 年将其简化，1988 年以后又恢复了开工报告制度。2019 年 4 月公布的《政府投资条例》（国务院令第 712 号）中规定，国务院规定应当审批开工报告的重大政府投资项目，按照规定办理开工报告审批手续后方可开工建设。

2.1.2 施工许可证的申请主体和法定批准条件

1. 施工许可证的申请主体

《建筑法》规定，建筑工程开工前，建设单位应当按照国家有关规定向工程所在地县级以上人民政府建设行政主管部门申请领取施工许可证。

建设单位（又称业主或项目法人）是建设项目的投资者，如果建设项目是政府投资，则建设单位为该建设项目的管理单位或使用单位。为施工单位进场和开工做好各项前期准备工作，是建设单位应尽的义务。因此，施工许可证的申请领取，应该由建设单位负责，而不是施工单位或其他单位。

2. 施工许可证的法定批准条件

《建筑法》规定，申请领取施工许可证，应当具备下列条件：

（1）已经办理该建筑工程用地批准手续。

（2）依法应当办理建设工程规划许可证的，已经取得建设工程规划许可证。

（3）需要拆迁的，其拆迁进度符合施工要求。

（4）已经确定建筑施工企业。

（5）有满足施工需要的资金安排、施工图纸及技术资料。

（6）有保证工程质量和安全的具体措施。

《建筑工程施工许可管理办法》进一步规定，建设单位申请领取施工许可证，应当具备下列条件，并提交相应的证明文件：

（1）依法应当办理用地批准手续的，已经办理该建筑工程用地批准手续。

2019 年 8 月经修改后颁布的《土地管理法》规定，经批准的建设项目需要使用国有建设用地的，建设单位应当持法律、行政法规规定的有关文件，向有批准权的县级以上人民政府自然资源主管部门提出建设用地申请，经自然资源主管部门审查，报本级人民政府批准。

（2）依法应当办理建设工程规划许可证的，已经取得建设工程规划许可证。

2016 年 5 月颁发的《国务院关于印发清理规范投资项目报建审批事项实施方案的通知》要求将原建设工程规划许可证核发、历史建筑实施原址保护审批等四项合并为“建设工程规划类许可证核发”。

在城市、镇规划区内进行建筑物、构筑物、道路、管线和其他工程建设的，建设单位或者个人应当向城市、县人民政府城乡规划主管部门或者省、自治区、直辖市人民政府确定的镇人民政府申请办理建设工程规划类许可证。

（3）施工场地已经基本具备施工条件，需要征收房屋的，其进度符合施工要求。

施工场地应该具备的基本施工条件，通常要根据建设工程项目的具体情况确定。根据《建设工程施工合同（示范文本）》（GF-2017-0201）的规定，常见的施工条件有：1）将施工用水、电力、通信线路等施工所必需的条件接至施工现场内；2）保证向承包人提供正常施工所需要的进入施工现场的交通条件；3）协调处理施工现场周围地下管线和邻近建筑物、构筑物、古树名木的保护工作，并承担相关费用；4）按照专用合同条款约定应提供的其他设施和条件。《民法典》规定，为了公共利益的需要，依照法律规定的权限和程序可以征收集体所有的土地和组织、个人的房屋以及其他不动产。但是，征收进度必须能满足建设工程开始施工和连续施工的要求。

（4）已经确定施工企业。

建设工程的施工必须由具备相应资质的施工企业来承担。因此，在建设工程开工前，建设单位必须依法通过招标或直接发包的方式确定承包该建设工程的施工企业，并签订建设工程承包合同，明确双方的责任、权利和义务。

（5）有满足施工需要的资金安排、施工图纸及技术资料，建设单位应当提供建设资金已经落实承诺书，施工图设计文件已按规定审查合格。

建设资金的落实是建设工程开工后能否顺利实施的关键。在实践中，许多“烂尾楼”都是建设资金不到位的恶果。因此，《建筑工程施工许可管理办法》要求，建设单位应当提供建设资金已经落实承诺书。

2017 年 10 月经修改后颁布的《建设工程勘察设计管理条例》规定，编制施工图设计文件，应当满足设备材料采购、非标准设备制作和施工的需要，并注明建设工程合理使用年限。2019 年 4 月经修改后颁布的《建设工程质量管理条例》规定，施工图设计文件未经审查批准的，不得使用。2021 年 4 月经修改后公布的《中华人民共和国消防法》（以下简称《消防法》）规定，特殊建设工程未经消防设计审查或者审查不合格的，建设单位、施工单位不得施工；其他建设工程，建设单位未提供满足施工需要的消防设计图纸及技术资料的，有关部门不得发放施工许可证或者批准开工报告。

（6）有保证工程质量和安全的具体措施。

《建筑工程施工许可管理办法》规定保证工程质量和安全的具体措施包括：施工企业编制的施工组织设计中有根据建筑工程特点制定的相应质量、安全技术措施；建立工程质量安全责任制并落实到人；专业性较强的工程项目编制了专项质量、安全施工组织设计，并按照规定办理了工程质量、安全监督手续。

需要注意的是，上述各项法定条件必须同时具备，缺一不可。发证机关在收到建设单位报送的《建筑工程施工许可证申请表》和所附证明文件后，对于符合条件的，应当自收到申请之日起 7 日内颁发施工许可证；对于证明文件不齐全或者失效的，应当当场或者 5 日内一次告知建设单位需要补正的全部内容，审批时间可以自证明文件补正齐全后作相应顺延；对于不符合条件的，应当自收到申请之日起 7 日内书面通知建设单位，并说明理由。

2.1.3 延期开工、核验和重新办理批准的规定

1. 申请延期的规定

《建筑法》规定，建设单位应当自领取施工许可证之日起 3 个月内开工。因故不能按期开工的，应当向发证机关申请延期；延期以两次为限，每次不超过 3 个月。既不开工又不申请延期或者超过延期时限的，施工许可证自行废止。

2. 核验施工许可证的规定

《建筑法》规定，在建的建筑工程因故中止施工的，建设单位应当自中止施工之日起一个月内，向发证机关报告，报告内容包括中止施工的时间、原因、在施部位、维修管理措施等，并按照规定做好建筑工程的维护管理工作。建筑工程恢复施工时，应当向发证机关报告；中止施工满一年的工程恢复施工前，建设单位应当报发证机关核验施工许可证。

中止施工，是指建设工程开工后，在施工过程中因特殊情况的发生而中途停止施工的情形。中止施工的原因很复杂，如遇地震、洪水等不可抗力，以及宏观调控压缩基建规模、停建缓建建设工程等。

在恢复施工时，建设单位应当向发证机关报告恢复施工的有关情况，看是否仍具备组织施工的条件。经核验符合条件的，应该允许恢复施工，施工许可证继续有效；经核验不符合条件的，应当收回其施工许可证，不允许恢复施工，待条件具备后，由建设单位重新申领施工许可证。

3. 重新办理批准手续的规定

对于实行开工报告制度的建设工程，《建筑法》规定，按照国务院有关规定批准开工报告的建筑工程，因故不能按期开工或者中止施工的，应当及时向批准机关报告情况。因故不能按期开工超过 6 个月的，应当重新办理开工报告的批准手续。

导入案例解析

2.2 施工企业从业资格制度

学习目标

- 了解施工企业资质的法定条件和等级。
- 熟悉禁止无资质或越级承揽工程的规定。
- 熟悉禁止以他企业或他企业以本企业名义承揽工程的规定。
- 能运用施工企业从业资格制度相关知识分析建设工程案例。

《建筑法》规定，从事建筑活动的建筑施工企业、勘察单位、设计单位和工程监理单位，应当具备下列条件：

（1）有符合国家规定的注册资本。

（2）有与其从事的建筑活动相适应的具有法定执业资格的专业技术人员。

（3）有从事相关建筑活动所应有的技术装备。

（4）法律、行政法规规定的其他条件。

《建设工程质量管理条例》进一步规定，施工单位应当依法取得相应等级的资质证书，并在其资质等级许可的范围内承揽工程。

2.2.1 企业资质的法定条件和等级

工程建设活动不同于一般的经济活动，其从业单位所具备条件的高低直接影响到建设工程质量和安全生产。因此，从事工程建设活动的单位必须符合相应的资质条件。

1. 建筑业企业资质的法定条件

《建筑业企业资质管理规定》中规定，企业应当按照其拥有的资产、主要人员、已完成的工程业绩和技术装备等条件申请建筑业企业资质，经审查合格，取得建筑业企业资质证书后，方可在资质许可的范围内从事建筑施工活动。

（1）有符合规定的净资产。

企业资产是指企业拥有或控制的能以货币计量的经济资源，包括各种财产、债权和其他权利。企业净资产是指企业的资产总额减去负债以后的净额。净资产是属于企业所有并可以自由支配的资产，即所有者权益。相对于注册资本而言，它能够更准确地体现企业的经济实力。以建筑工程施工总承包企业为例，《建筑业企业资质标准》（建市〔2014〕159号）规定，一级企业净资产1亿元以上；二级企业净资产4 000万元以上；三级企业净资产800万元以上。

（2）有符合规定的主要人员。

工程建设施工活动专业性、技术性较强，因此，建筑业企业应当拥有注册建造师及其他注册人员、工程技术人员、施工现场管理人员和技术工人。为推进简政放权、放管结合、优化服务改革，住房和城乡建设部《关于简化建筑业企业资质标准部分指标的通知》（建市〔2016〕226号）规定，除各类别最低等级资质外，取消关于注册建造师、中级以上职称人员、持有岗位证书的现场管理人员、技术工人的指标考核。

（3）有符合规定的已完成工程业绩。

住房和城乡建设部《关于简化建筑业企业资质标准部分指标的通知》（建市〔2016〕226号）规定，对申请建筑工程、市政公用工程施工总承包特级、一级资质的企业，未进入全国建筑市场监管与诚信信息发布平台的企业业绩，不作为有效业绩认定。

（4）有符合规定的技术装备。

施工单位必须使用与其从事的施工活动相适应的技术装备，而许多大中型机械设备都可以采用租赁或融资租赁的方式取得，因此，目前的企业资质标准对技术装备的要求并不多。

2. 施工企业的资质序列、类别和等级

（1）施工企业的资质序列。

按照《建设工程企业资质管理制度改革方案》（建市〔2020〕94号）的规定，施工资

质分为综合资质、施工总承包资质、专业承包资质和专业作业资质。

（2）施工企业的资质类别和等级。

《建设工程企业资质管理制度改革方案》（建市〔2020〕94 号）将 10 类施工总承包企业特级资质调整为施工综合资质，可承担各行业、各等级施工总承包业务；保留 12 类施工总承包资质，将民航工程的专业承包资质整合为施工总承包资质；将 36 类专业承包资质整合为 18 类；将施工劳务企业资质改为专业作业资质，由审批制改为备案制。综合资质和专业作业资质不分等级；施工总承包资质、专业承包资质等级原则上压减为甲、乙两级（部分专业承包资质不分等级），其中，施工总承包甲级资质在本行业内承揽业务规模不受限制。

2.2.2 禁止无资质或越级承揽工程的规定

我国法律规定施工单位除具备企业法人营业执照外，还应取得相应的资质证书，并严格在其资质等级许可的经营范围内从事施工活动。

1. 禁止无资质承揽工程

《建筑法》规定，承包建筑工程的单位应当持有依法取得的资质证书，并在其资质等级许可的业务范围内承揽工程。《建设工程质量管理条例》也规定，施工单位应当依法取得相应等级的资质证书，并在其资质等级许可的范围内承揽工程。

2. 禁止越级承揽工程

《建筑法》和《建设工程质量管理条例》均规定，禁止施工单位超越本单位资质等级许可的业务范围承揽工程。

（1）联合共同承包对资质的要求的有关法律规定。

《建筑法》规定，两个以上不同资质等级的单位实行联合共同承包的，应当按照资质等级低的单位的业务许可范围承揽工程。

（2）分包工程对资质的要求的有关法律规定。

《建筑法》规定，禁止总承包单位将工程分包给不具备相应资质条件的单位。《房屋建筑和市政基础设施工程施工分包管理办法》进一步规定，分包工程承包人必须具有相应的资质，并在其资质等级许可的范围内承揽业务。

2.2.3 禁止以他企业或他企业以本企业名义承揽工程的规定

《建筑法》规定，禁止建筑施工企业超越本企业资质等级许可的业务范围或者以任何形式用其他建筑施工企业的名义承揽工程。禁止建筑施工企业以任何形式允许其他单位或者个人使用本企业的资质证书、营业执照，以本企业的名义承揽工程。《建设工程质量管理条例》也规定，禁止施工单位超越本单位资质等级许可的业务范围或者以其他施工单位的名义承揽工程。禁止施工单位允许其他单位或者个人以本单位的名义承揽工程。

《房屋建筑和市政基础设施工程施工分包管理办法》规定，分包工程发包人没有将其承包的工程进行分包，在施工现场所设项目管理机构的项目负责人、技术负责人、项目核算负责人、质量管理人员、安全管理人员不是工程承包人本单位人员的，视同允许他人以本企业名义承揽工程。

2.3 建造师注册执业制度

学习目标

- 熟悉建造师执业资格考试、建造师注册和继续教育的规定。
- 熟悉建造师的受聘单位和执业岗位范围。
- 掌握建造师的基本权利和义务。
- 能运用建造师注册执业制度知识分析建设工程案例。

执业资格制度是指对具有一定专业学历和资历并从事特定专业技术活动的专业技术人员，通过考试和注册确定其执业的技术资格，获得相应文件签字权的一种制度。《建筑法》规定，从事建筑活动的专业技术人员，应当依法取得相应的执业资格证书，并在执业资格证书许可的范围内从事建筑活动。这是因为，建设工程的技术要求比较复杂，建设工程的质量和安全生产直接关系着人身安全及公共财产安全，责任极为重大。因此，对从事建设工程活动的专业技术人员，应当建立起必要的个人执业资格制度；只有依法取得相应执业资格证书的专业技术人员，方可在其执业资格证书许可的范围内从事建设工程活动。

2.3.1 建造师考试、注册和继续教育的规定

注册建造师是指通过考核认定或考试合格取得中华人民共和国建造师执业资格证书，并按照规定注册，取得中华人民共和国建造师注册证书和执业印章，担任施工单位项目负责人及从事相关活动的专业技术人员。2002 年 12 月，人事部、建设部联合颁发的《建造师执业资格制度暂行规定》（人发〔2002〕111 号）中规定，建造师分为一级建造师和二级建造师。

1. 建造师的考试

《建造师执业资格制度暂行规定》中规定，一级建造师执业资格实行统一大纲、统一命题、统一组织的考试制度，由人事部、建设部[①]共同组织实施，原则上每年举行一次考试。二级建造师执业资格实行全国统一大纲，各省、自治区、直辖市命题并组织考试的制度。建设部负责拟定二级建造师执业资格考试大纲，人事部负责审定考试大纲。

（1）考试内容。

2004年2月人事部、建设部发布的《建造师执业资格考试实施办法》规定，一级建造师执业资格考试设“建设工程经济”“建设工程法规及相关知识”“建设工程项目管理”“专业工程管理与实务”4个科目。2006年12月人事部办公厅、建设部办公厅发布的《关于建造师资格考试相关科目专业类别调整有关问题的通知》规定，一级建造师资格考试“专业工程管理与实务”科目设置10个专业类别：建筑工程、公路工程、铁路工程、民航机场工程、港口与航道工程、水利水电工程、市政公用工程、通信与广电工程、矿业工程、机电工程。

二级建造师执业资格考试设“建设工程施工管理”“建设工程法规及相关知识”“专业工程管理与实务”3个科目。“专业工程管理与实务”科目设置6个专业类别：建筑工程、公路工程、水利水电工程、市政公用工程、矿业工程和机电工程。

（2）报考条件。

《建造师执业资格制度暂行规定》中规定，凡遵纪守法并具备工程类或工程经济类中等专科以上学历并从事建设工程项目施工管理工作满2年，可报名参加二级建造师执业资格考试。凡遵守国家法律、法规，具备下列条件之一者，可以申请参加一级建造师执业资格考试：1）取得工程类或工程经济类大学专科学历，工作满6年，其中从事建设工程项目施工管理工作满4年。2）取得工程类或工程经济类大学本科学历，工作满4年，其中从事建设工程项目施工管理工作满3年。3）取得工程类或工程经济类双学士学位或研究生班毕业，工作满3年，其中从事建设工程项目施工管理工作满2年。4）取得工程类或工程经济类硕士学位，工作满2年，其中从事建设工程项目施工管理工作满1年。5）取得工程类或工程经济类博士学位，从事建设工程项目施工管理工作满1年。

（3）建造师执业资格证书的使用范围。

《建造师执业资格制度暂行规定》中规定，参加一级建造师执业资格考试合格，由各省、自治区、直辖市人事部门颁发人事部统一印制，人事部、建设部用印的《中华人民共

① 根据2008年3月第十一届全国人大第一次会议审议通过的《国务院机构改革方案》，不再保留人事部和建设部，组建人力资源和社会保障部与住房和城乡建设部。

和国一级建造师执业资格证书》。该证书在全国范围内有效。

二级建造师执业资格考试合格者，由省、自治区、直辖市人事部门颁发由人事部、建设部统一格式的《中华人民共和国二级建造师执业资格证书》。该证书在所在行政区域内有效。

2. 建造师的注册

2016 年 9 月颁布的《注册建造师管理规定》中规定，注册建造师实行注册执业管理制度，注册建造师分为一级注册建造师和二级注册建造师。取得资格证书的人员，经过注册方能以注册建造师的名义执业。

（1）申请初始注册。

申请初始注册时应当具备以下条件：1）经考核认定或考试合格取得资格证书；2）受聘于一个相关单位；3）达到继续教育要求；4）没有《注册建造师管理规定》中规定的不予注册的情形。

初始注册者，可自资格证书签发之日起 3 年内提出申请。逾期未申请者，须符合本专业继续教育的要求后方可申请初始注册。申请初始注册需要提交下列材料：1）注册建造师初始注册申请表；2）资格证书、学历证书和身份证明复印件；3）申请人与聘用单位签订的聘用劳动合同复印件或其他有效证明文件；4）逾期申请初始注册的，应当提供达到继续教育要求的证明材料。

2008 年 2 月建设部发布的《注册建造师执业管理办法（试行)》规定，注册建造师注册证书和执业印章由本人保管，任何单位（发证机关除外）和个人不得扣押注册建造师注册证书和执业印章。

（2）延续注册、变更注册和增项注册。

《注册建造师管理规定》中规定，注册证书与执业印章有效期为 3 年。注册有效期满需继续执业的，应当在注册有效期届满 30 日前，按照规定申请延续注册。延续注册的，有效期为 3 年。申请延续注册的，应当提交下列材料：1）注册建造师延续注册申请表；2）原注册证书；3）申请人与聘用单位签订的聘用劳动合同复印件或其他有效证明文件；4）申请人注册有效期内达到继续教育要求的证明材料。

在注册有效期内，注册建造师变更执业单位，应当与原聘用单位解除劳动关系，并按照规定办理变更注册手续，变更注册后仍延续原注册有效期。申请变更注册的，应当提交下列材料：1）注册建造师变更注册申请表；2）注册证书和执业印章；3）申请人与新聘用单位签订的聘用合同复印件或有效证明文件；4）工作调动证明（与原聘用单位解除聘用合同或聘用合同到期的证明文件、退休人员的退休证明）。

注册建造师需要增加执业专业的，应当按照规定申请专业增项注册，并提供相应的资格证明。

（3）不予注册和注册证书的失效、注销。

《注册建造师管理规定》中规定，申请人有下列情形之一的，不予注册：1）不具有完全民事行为能力的；2）申请在两个或者两个以上单位注册的；3）未达到注册建造师继续教育要求的；4）受到刑事处罚，刑事处罚尚未执行完毕的；5）因执业活动受到刑事处罚，自刑事处罚执行完毕之日起至申请注册之日止不满 5 年的；6）因前项规定以外的原因受到刑事处罚，自处罚决定之日起至申请注册之日止不满 3 年的；7）被吊销注册证书，自处罚决定之日起至申请注册之日止不满 2 年的；8）在申请注册之日前 3 年内担任项目经理期间，所负责项目发生过重大质量和安全事故的；9）申请人的聘用单位不符合注册单位要求的；10）年龄超过 65 周岁的；11）法律、法规规定不予注册的其他情形。

注册建造师有下列情形之一的，其注册证书和执业印章失效：1）聘用单位破产的；2）聘用单位被吊销营业执照的；3）聘用单位被吊销或者撤回资质证书的；4）已与聘用单位解除聘用合同关系的；5）注册有效期满且未延续注册的；6）年龄超过 65 周岁的；7）死亡或不具有完全民事行为能力的；8）其他导致注册失效的情形。

注册建造师有下列情形之一的，由注册机关办理注销手续，收回注册证书和执业印章或者公告其注册证书和执业印章作废：1）有以上规定的注册证书和执业印章失效情形发生的；2）依法被撤销注册的；3）依法被吊销注册证书的；4）受到刑事处罚的；5）法律、法规规定应当注销注册的其他情形。

3. 建造师的继续教育

2010 年 11 月，住房和城乡建设部发布的《注册建造师继续教育管理暂行办法》规定，注册建造师按规定参加继续教育，是申请初始注册、延续注册、增项注册和重新注册的必要条件。

（1）必修课、选修课的学时和内容。

注册一个专业的建造师在每一注册有效期内应参加继续教育不少于 120 学时，其中必修课 60 学时，选修课 60 学时。注册两个及以上专业的，每增加一个专业还应参加所增加专业 60 学时的继续教育，其中必修课 30 学时，选修课 30 学时。

必修课包括以下内容：1）工程建设相关的法律法规和有关政策。2）注册建造师职业道德和诚信制度。3）建设工程项目管理的新理论、新方法、新技术和新工艺。4）建设工程项目管理案例分析。选修课内容为：各专业牵头部门认为一级建造师需要补充的与建设工程项目管理有关的知识；各省级住房和城乡建设主管部门认为二级建造师需要补充的与建设工程项目管理有关的知识。

（2）可充抵继续教育选修课部分学时的规定。

注册建造师在每一注册有效期内从事以下工作并取得相应证明的，可充抵继续教育选修课部分学时：1）参加全国建造师执业资格考试大纲编写及命题工作，每次计 20 学时。2）从事注册建造师继续教育教材编写工作，每次计 20 学时。3）在公开发行的省部级期刊上发表有关建设工程项目管理的学术论文的，第一作者每篇计 10 学时；公开出版 5 万字以上专著、教材的，第一、二作者每人计 20 学时。4）参加建造师继续教育授课工作的按授课学时计算。每一注册有效期内，充抵继续教育选修课学时累计不得超过 60 学时。

（3）继续教育的方式及参加继续教育的保障。

注册建造师继续教育以集中面授为主。同时探索网络教育方式，拟采取网络教育的专业牵头部门或省级住房和城乡建设主管部门，应将管理办法和工作方案报国务院住房和城乡建设主管部门审核，并对网络教育的培训质量负责。

注册建造师在参加继续教育期间享有国家规定的工资、保险、福利待遇。建筑业企业及勘察、设计、监理、招标代理、造价咨询等用人单位应重视注册建造师继续教育工作，督促其按期接受继续教育。其中建筑业企业应为从事在建工程项目管理工作的注册建造师提供经费和时间支持。

2.3.2 建造师的受聘单位和执业岗位范围

1. 建造师的受聘单位

《注册建造师管理规定》中规定，取得资格证书的人员应当受聘于一个具有建设工程勘察、设计、施工、监理、招标代理、造价咨询等一项或者多项资质的单位，经注册后方可从事相应的执业活动。担任施工单位项目负责人的，应当受聘并注册于一个具有施工资质的企业。

2. 建造师的执业岗位范围

《建造师执业资格制度暂行规定》中规定，建造师的执业范围包括：（1）担任建设工程项目施工的项目经理。（2）从事其他施工活动的管理工作。（3）法律、行政法规或国务院建设行政主管部门规定的其他业务。

一级建造师可以担任特级、一级建筑业企业资质的建设工程项目施工的项目经理；二级建造师可以担任二级及以下建筑业企业资质的建设工程项目施工的项目经理。

《注册建造师执业管理办法（试行）》规定，大中型工程施工项目负责人必须由本专业注册建造师担任。一级注册建造师可担任大、中、小型工程施工项目负责人，二级注册建造师可以承担中、小型工程施工项目负责人。注册建造师不得同时担任两个及以上建设工程施工项目负责人。发生下列情形之一的除外：（1）同一工程相邻分段发包或分期施工的；（2）合同约定的工程验收合格的；（3）因非承包方原因致使工程项目停工超过 120 天（含），经建设单位同意的。

注册建造师担任施工项目负责人期间原则上不得更换。如发生下列情形之一的，应当办理书面交接手续后更换施工项目负责人：（1）发包方与注册建造师受聘企业已解除承包合同的；（2）发包方同意更换项目负责人的；（3）因不可抗力等特殊情况必须更换项目负责人的。

注册建造师担任施工项目负责人，在其承建的建设工程项目竣工验收或移交项目手续办结前，除以上规定的情形外，不得变更注册至另一企业。

2.3.3 建造师的基本权利和义务

1. 建造师的基本权利

《建造师执业资格制度暂行规定》中规定，建造师经注册后，有权以建造师名义担任建设工程项目施工的项目经理及从事其他施工活动的管理。《注册建造师管理规定》进一步规定，注册建造师享有下列权利：

（1）使用注册建造师名称。

（2）在规定范围内从事执业活动。

（3）在本人执业活动中形成的文件上签字并加盖执业印章。

（4）保管和使用本人注册证书、执业印章。

（5）对本人执业活动进行解释和辩护。

（6）接受继续教育。

（7）获得相应的劳动报酬。

（8）对侵犯本人权利的行为进行申述。

建设工程施工活动中形成的有关工程施工管理文件，应当由注册建造师签字并加盖执业印章。施工单位签署质量合格的文件上，必须有注册建造师的签字盖章。

《注册建造师执业管理办法（试行）》规定，担任建设工程施工项目负责人的注册建造师，应当按《关于印发〈注册建造师施工管理签章文件目录（试行）〉的通知》（建市〔2008〕42 号）和配套表格要求，在建设工程施工管理相关文件上签字并加盖执业印章，签章文件作为工程竣工备案的依据。注册建造师签章完整的工程施工管理文件方为有效。注册建造师有权拒绝在不合格或者有弄虚作假内容的建设工程施工管理文件上签字并加盖执业印章。

建设工程合同包含多个专业工程的，担任施工项目负责人的注册建造师，负责该工程施工管理文件签章。专业工程独立发包时，注册建造师执业范围涵盖该专业工程的，可担任该专业工程施工项目负责人。分包工程施工管理文件应当由分包企业注册建造师签章。分包企业签署质量合格的文件上，必须由担任总包项目负责人的注册建造师签章。

修改注册建造师签字并加盖执业印章的工程施工管理文件，应当征得所在企业同意后，由注册建造师本人进行修改；注册建造师本人不能进行修改的，应当由企业指定同等资格条件的注册建造师修改，并由其签字并加盖执业印章。

2. 建造师的基本义务

《建造师执业资格制度暂行规定》中规定，建造师在工作中，必须严格遵守法律、法规和行业管理的各项规定，恪守职业道德。建造师必须接受继续教育，更新知识，不断提高业务水平。

《注册建造师管理规定》进一步规定，注册建造师应当履行下列义务：

（1）遵守法律、法规和有关管理规定，恪守职业道德。

（2）执行技术标准、规范和规程。

（3）保证执业成果的质量，并承担相应责任。

（4）接受继续教育，努力提高执业水准。

（5）保守在执业中知悉的国家秘密和他人的商业、技术等秘密。

（6）与当事人有利害关系的，应当主动回避。

（7）协助注册管理机关完成相关工作。

注册建造师不得有下列行为：

（1）不履行注册建造师义务。

（2）在执业过程中，索贿、受贿或者谋取合同约定费用外的其他利益。

（3）在执业过程中实施商业贿赂。

（4）签署有虚假记载等不合格的文件。

（5）允许他人以自己的名义从事执业活动。

（6）同时在两个或者两个以上单位受聘或者执业。

（7）涂改、倒卖、出租、出借或以其他形式非法转让资格证书、注册证书和执业印章。

（8）超出执业范围和聘用单位业务范围从事执业活动。

（9）法律、法规、规章禁止的其他行为。

技能检测

一、单选题

1. 建设单位申请施工许可证时，向发证机关提供的施工图纸及技术资料应满足（　　）。

A. 施工需要并通过监理单位审查　　B. 施工需要并按规定通过了审查

C. 编制招标文件的要求　　D. 工程竣工验收备案的要求

2. 根据《建筑法》，关于施工许可证期限的说法，正确的是（　　）。

A. 既不开工又不申请延期或者超过延期时限的，施工许可证自行废止

B. 建设单位应当自领取施工许可证之日起 6 个月内开工

C. 因故不能按期开工的，应当向项目所在地人民政府申请延期

D. 延期以 3 次为限，每次不超过 3 个月

3. 根据《建筑业企业资质管理规定》，不属于建筑业企业资质序列的是（　　）。

A. 施工总承包资质　　B. 专业分包资质

C. 专业承包资质　　D. 施工劳务资质

4. 借用其他施工企业的（　　）投标的行为，属于以其他企业名义承揽工程。

A. 营业执照　　B. 技术方案　　C. 施工设备　　D. 施工业绩

5. 根据《注册建造师管理规定》，负责核发《中华人民共和国一级建造师注册证书》的机构是（　　）。

A. 省、自治区、直辖市人民政府建设主管部门

B. 国务院建设主管部门

C. 中国建筑业协会建造师分会

D. 国务院发展和改革委员会

6. 某市政工程由于政府部门规划调整，导致该工程停工达 1 年之久，施工企业拟让该工程的项目经理甲担任其他市政工程的项目经理。根据有关规定，下列关于甲任职的说法，正确的是（　　）。

A. 甲不能同时担任该两个项目的项目经理

B. 经建设单位同意，甲可以同时担任该两个项目的项目经理

C. 经施工单位同意，甲可以同时担任该两个项目的项目经理

D. 经建设主管部门同意，甲可以同时担任该两个项目的项目经理

7. 根据《建筑法》，下列情形中，符合施工许可证办理和报告制度的是（　　）。

A. 某工程因故延期开工，向发证机关报告后施工许可证自动延期

B. 某工程因地震中止施工，1 年后向发证机关报告

C. 某工程因洪水中止施工，1 个月内向发证机关报告，2 个月后自行恢复施工

D. 某工程因政府宏观调控停建，1 个月内向发证机关报告，1 年后恢复施工前报发证机关核验施工许可证

8. 关于注册建造师延续注册的说法，正确的是（　　）。

A. 延续注册申请应当在注册有效期满前 3 个月内提出

B. 申请延续注册只需要提供原注册证书

C. 延续注册执业期间不能申请变更注册

D. 延续注册有效期为 3 年

9. 某建设单位于 2024 年 2 月 1 日领取施工许可证，由于某种原因工程未能按期开工，该建设单位按照《建筑法》规定向发证机关申请延期，该工程最迟应当在（　　）开工。

A. 2024 年 3 月 1 日　　B. 2024 年 5 月 1 日

C. 2024 年 8 月 1 日　　D. 2024 年 11 月 1 日

10. 关于企业申请资质条件中“净资产”的说法，正确的是（　　）。

A. 是指企业拥有的资产

B. 是指企业的注册资本金

C. 应当以企业申请资质前 3 年财务报表中净资产的平均额为准

D. 即所有者权益

二、多选题

1. 根据《建筑工程施工许可管理办法》，不需要办理施工许可证的建筑工程有（　　）。

A. 建筑面积 200 平方米的房屋　　B. 城市大型立交桥

C. 抢险救灾工程　　D. 实行开工报告审批制度的建筑工程

E. 城市居住小区

2. 根据《建筑法》，申请领取施工许可证应当具备的条件包括（　　）。

A. 建筑工程按照规定的权限和程序已批准开工报告

B. 已办理该建筑工程用地批准手续

C. 城市规划区的建筑工程已经取得规划许可证

D. 已经确定建筑施工企业

E. 建设资金已经落实

3. 在建造师的注册管理中，下列属于不予注册情形的是（　　）。

A. 在获得建造师执业资格证书的第二年申请注册的

B. 申请人年龄超过 65 周岁的

C. 因执业活动受刑事处罚，自处罚执行完毕之日到申请注册之日不满 5 年的

D. 申请人因交通肇事罪被判处 2 年有期徒刑，自刑满释放至申请注册之日刚满 3 年的

E. 被吊销注册证书，自处罚决定之日起至申请注册之日止不满 2 年的

4. 注册建造师享有的权利有（　　）。

A. 使用注册建造师的名称

B. 与当事人有利害关系的，主动回避

C. 在施工单位签署的质量合格文件上签字

D. 接受继续教育

E. 执行技术标准、规范和规程

5. 下列关于建筑业企业资质法定条件的说法，正确的有（　　）。

A. 有符合规定的净资产

B. 必须自行拥有一定数量的大中型机械设备

C. 企业净资产以企业申请资质前 3 年总资产的平均值为准

D. 除各类别最低等级资质外，取消关于注册建造师等人员的指标考核

E. 有符合规定的已完成工程业绩

三、案例分析题

某建设集团在建造师的注册过程中发生下列事件：

（1）该公司李某在申请建造师的注册时，已在另一个单位注册。

（2）该公司张某在申请建造师的注册时，未能完成法定的建造师的继续教育内容。

（3）该公司王某在申请建造师的注册时实际年龄为 67 周岁。

（4）该公司陈某在申请建造师的注册时，因虐待父母，正面临有期徒刑 2 年，缓刑 2 年执行的处罚。

问题：

该公司李某、张某、王某、陈某能否通过注册申请，为什么？

单元 3　建设工程发承包法律制度

单元导读

本单元主要讲解建设工程发承包法律制度。20 世纪 80 年代，我国在建筑行业的发承包中率先引进了招投标制度。建设工程发包，是建设工程的建设单位（或总承包单位）将建设工程任务通过招标发包或直接发包的方式，交付给具有法定从业资格的单位完成，并按照合同约定支付招标报酬的行为。建设工程承包，则是具有法定从业资格的单位依法承揽建设工程任务，签订合同确立双方的权利与义务，按照合同约定取得相应报酬，并完成建设工程任务的行为。当前阶段，建设工程招投标作为一种发承包方式已在我国工程建设中广泛应用。健全和完善招投标制度，将建筑市场的交易行为置于阳光之下，约束权力滥用行为，可有效地避免和克服建设领域的违法犯罪行为。本单元所涉及的法律制度在建设工程法律体系中占据非常重要的位置，是建造师执业资格考试的重点内容。

单元重点

1. 招标基本程序。
2. 投标人、投标文件和投标保证金。
3. 建设工程分包的规定。

素养提升

学习招投标法律制度，树立法律意识、规则意识、诚信意识，依法参与招投标过程；学习承包制度，避免转包、违法分包、挂靠等违法行为。

导入案例

3.1 建设工程招标投标制度

学习目标

- 了解建设工程法定招标的范围、招标方式和交易场所。
- 掌握招标基本程序和禁止肢解发包、限制排斥投标人的规定。
- 掌握投标人、投标文件和投标保证金的规定。
- 熟悉联合体投标的规定。
- 熟悉中标的法定要求和招标投标投诉处理的规定。
- 能运用建设工程招标投标制度分析建设工程案例。

建设工程招标投标，是指建设单位对拟建的建设工程项目通过法定的程序和方式吸引承包单位进行公平竞争，并从中选择条件优越者来完成建设工程任务的行为。这是在市场经济条件下常用的一种建设工程项目交易方式。

3.1.1 建设工程法定招标的范围、招标方式和交易场所

1. 建设工程必须招标的范围

2017 年 12 月经修正后颁布的《中华人民共和国招标投标法》（以下简称《招标投标法》）规定，在中华人民共和国境内进行下列工程建设项目包括项目的勘察、设计、施工、监理以及与工程建设有关的重要设备、材料等的采购，必须进行招标：

（1）大型基础设施、公用事业等关系社会公共利益、公众安全的项目。

（2）全部或者部分使用国有资金投资或者国家融资的项目。

（3）使用国际组织或者外国政府贷款、援助资金的项目。

经国务院批准，由国家发展和改革委员会于 2018 年 3 月发布的《必须招标的工程项目规定》中规定，全部或者部分使用国有资金投资或者国家融资的项目包括：

（1）使用预算资金 200 万元人民币以上，并且该资金占投资额 10% 以上的项目。

（2）使用国有企业事业单位资金，并且该资金占控股或者主导地位的项目。

使用国际组织或者外国政府贷款、援助资金的项目包括：

（1）使用世界银行、亚洲开发银行等国际组织贷款、援助资金的项目。

（2）使用外国政府及其机构贷款、援助资金的项目。

《必须招标的工程项目规定》第 2 条至第 4 条规定范围内的项目，其勘察、设计、施工、监理以及与工程建设有关的重要设备、材料等的采购达到下列标准之一的，必须招标：

（1）施工单项合同估算价在 400 万元人民币以上。

（2）重要设备、材料等货物的采购，单项合同估算价在 200 万元人民币以上。

（3）勘察、设计、监理等服务的采购，单项合同估算价在 100 万元人民币以上。同一项目中可以合并进行的勘察、设计、施工、监理，以及与工程建设有关的重要设备、材料等的采购，合同估算价合计达到以上规定标准的，必须招标。

2. 可以不进行招标的建设工程项目

《招标投标法》规定，涉及国家安全、国家秘密、抢险救灾或者属于利用扶贫资金实行以工代赈、需要使用农民工等特殊情况，不适宜进行招标的项目，按照国家有关规定可以不进行招标。

3. 建设工程招标方式

（1）公开招标和邀请招标。

《招标投标法》规定，招标分为公开招标和邀请招标。

公开招标，是指招标人以招标公告的方式邀请不特定的法人或者非法人组织投标。依法必须进行招标的项目的招标公告，应当通过国家指定的报刊、信息网络或者其他媒介发布。《中华人民共和国招标投标法实施条例》（2019 年修订，以下简称《招标投标法实施条例》）明确规定，国有资金占控股或者主导地位的依法必须进行招标的项目，应当公开招标。

邀请招标，是指招标人以投标邀请书的方式邀请特定的法人或者非法人组织投标。《招标投标法》规定，招标人采用邀请招标方式的，应当向三个以上具备承担招标项目的能力、资信良好的特定的法人或者非法人组织发出投标邀请书。国务院发展计划部门确定的国家重点项目和省、自治区、直辖市人民政府确定的地方重点项目不适宜公开招标的，经国务院发展计划部门或者省、自治区、直辖市人民政府批准，可以进行邀请招标。

《招标投标法实施条例》进一步规定，国有资金占控股或者主导地位的依法必须进行招标的项目，应当公开招标。但有下列情形之一的，可以邀请招标：1）技术复杂、有特殊要求或者受自然环境限制，只有少量潜在投标人可供选择；2）采用公开招标方式的费用占项目合同金额的比例过大。

（2）总承包招标和两阶段招标。

《招标投标法实施条例》规定，招标人可以依法对工程以及与工程建设有关的货物、服务全部或者部分实行总承包招标。以暂估价形式包括在总承包范围内的工程、货物、服务属于依法必须进行招标的项目范围且达到国家规定规模标准的，应当依法进行招标。以上所称暂估价，是指总承包招标时不能确定价格而由招标人在招标文件中暂时估定的工程、货物、服务的金额。

对技术复杂或者无法精确拟定技术规格的项目，招标人可以分两阶段进行招标。第一阶段，投标人按照招标公告或者投标邀请书的要求提交不带报价的技术建议，招标人根据投标人提交的技术建议确定技术标准和要求，编制招标文件。第二阶段，招标人向在第一阶段提交技术建议的投标人提供招标文件，投标人按照招标文件的要求提交包括最终技术方案和投标报价的投标文件。

4. 建设工程招标投标交易场所和招标公告发布

《招标投标法实施条例》规定，设区的市级以上地方人民政府可以根据实际需要，建立统一规范的招标投标交易场所，为招标投标活动提供服务。招标投标交易场所不得与行政监督部门存在隶属关系，不得以营利为目的。国家鼓励利用信息网络进行电子招标投标。

2017 年 11 月，国家发展和改革委员会发布的《招标公告和公示信息发布管理办法》规定，依法必须招标项目的招标公告和公示信息，除依法需要保密或者涉及商业秘密的内容外，应当按照公益服务、公开透明、高效便捷、集中共享的原则，依法向社会公开。

依法必须招标项目的资格预审公告和招标公告，应当载明以下内容：

（1）招标项目名称、内容、范围、规模、资金来源。

（2）投标资格能力要求，以及是否接受联合体投标。

（3）获取资格预审文件或招标文件的时间、方式。

（4）递交资格预审文件或投标文件的截止时间、方式。

（5）招标人及其招标代理机构的名称、地址、联系人及联系方式。

（6）采用电子招标投标方式的，潜在投标人访问电子招标投标交易平台的网址和方法。

（7）其他依法应当载明的内容。

依法必须招标项目的招标公告和公示信息应当在“中国招标投标公共服务平台”或者项目所在地省级电子招标投标公共服务平台（以下统一简称“发布媒介”）发布。发布媒介应当免费提供依法必须招标项目的招标公告和公示信息发布服务，并允许社会公众和市场主体免费、及时查阅前述招标公告和公示的完整信息。

导入案例
解析一

3.1.2 招标基本程序和禁止肢解发包、限制排斥投标人的规定

1. 招标基本程序

《招标投标法》规定，招标投标活动应当遵循公开、公平、公正和诚实信用的原则。

建设工程招标的基本程序主要包括：履行项目审批手续，委托招标代理机构，编制招标文件、标底及工程量清单，发布招标公告或投标邀请书，资格审查，开标，评标，中标和签订合同，以及终止招标等。

（1）履行项目审批手续。

《招标投标法》规定，招标项目按照国家有关规定需要履行项目审批手续的，应当先履行审批手续，取得批准。招标人应当有进行招标项目的相应资金或者资金来源已经落实，并应当在招标文件中如实载明。

（2）委托招标代理机构。

《招标投标法》规定，招标人具有编制招标文件和组织评标能力的，可以自行办理招标事宜。任何单位和个人不得强制其委托招标代理机构办理招标事宜。依法必须进行招标的项目，招标人自行办理招标事宜的，应当向有关行政监督部门备案。

招标代理机构是依法设立、从事招标代理业务并提供相关服务的社会中介组织。《招标投标法》规定，招标人有权自行选择招标代理机构，委托其办理招标事宜。招标代理机构应当具备下列条件：1）有从事招标代理业务的营业场所和相应资金；2）有能够编制招标文件和组织评标的相应专业力量。

（3）编制招标文件、标底及工程量清单。

《招标投标法》规定，招标人应当根据招标项目的特点和需要编制招标文件。招标文件应当包括招标项目的技术要求、对投标人资格审查的标准、投标报价要求和评标标准等所有实质性要求和条件以及拟签订合同的主要条款。国家对招标项目的技术、标准有规定的，招标人应当按照其规定在招标文件中提出相应要求。

招标文件不得要求或者标明特定的生产供应者以及含有倾向或者排斥潜在投标人的其他内容。招标人对已发出的招标文件进行必要的澄清或者修改的，应当在招标文件要求提交投标文件截止时间至少15日前，以书面形式通知所有招标文件收受人。该澄清或者修改的内容为招标文件的组成部分。

招标人应当确定投标人编制投标文件所需要的合理时间；但是，依法必须进行招标的项目，自招标文件开始发出之日起至投标人提交投标文件截止之日止，最短不得少于20日。

招标人可以自行决定是否编制标底。一个招标项目只能有一个标底。标底必须保密。接受委托编制标底的中介机构不得参加受托编制标底项目的投标，也不得为该项目的投标人编制投标文件或者提供咨询。招标人设有最高投标限价的，应当在招标文件中明确最高投标限价或者最高投标限价的计算方法。招标人不得规定最低投标限价。

住房和城乡建设部2013年12月发布的《建筑工程施工发包与承包计价管理办法》中规定，国有资金投资的建筑工程招标的，应当设有最高投标限价；非国有资金投资的建筑工程招标的，可以设有最高投标限价或者招标标底。最高投标限价应当依据工程量清单、工程计价有关规定和市场价格信息等编制。招标人设有最高投标限价的，应当在招标时公布最高投标限价的总价，以及各单位工程的分部分项工程费、措施项目费、其他项目费、规费和税金。招标标底应当依据工程计价有关规定和市场价格信息等编制。

全部使用国有资金投资或者以国有资金投资为主的建筑工程，应当采用工程量清单计价；非国有资金投资的建筑工程，鼓励采用工程量清单计价。工程量清单应当依据国家制定的工程量清单计价规范、工程量计算规范等编制。工程量清单应当作为招标文件的组成部分。

（4）发布招标公告或投标邀请书。

《招标投标法》规定，招标人采用公开招标方式的，应当发布招标公告。招标公告应当载明招标人的名称和地址、招标项目的性质、数量、实施地点和时间以及获取招标文件的办法等事项。

招标人采用邀请招标方式的，应当向三个以上具备承担招标项目的能力、资信良好的特定的法人或者非法人组织发出投标邀请书。投标邀请书也应当载明招标人的名称和地址、招标项目的性质、数量、实施地点和时间以及获取招标文件的办法等事项。

《招标投标法实施条例》规定，招标人应当按照资格预审公告、招标公告或者投标邀请书规定的时间、地点发售资格预审文件或者招标文件。资格预审文件或者招标文件的发售期不得少于5日。招标人发售资格预审文件、招标文件收取的费用应当限于补偿印刷、邮寄的成本支出，不得以营利为目的。

（5）资格审查。

资格审查分为资格预审和资格后审。

《招标投标法实施条例》规定，招标人采用资格预审办法对潜在投标人进行资格审查的，应当发布资格预审公告、编制资格预审文件。招标人应当合理确定提交资格预审申请文件的时间。依法必须进行招标的项目提交资格预审申请文件的时间，自资格预审文件停止发售之日起不得少于5日。

资格预审应当按照资格预审文件载明的标准和方法进行。国有资金占控股或者主导地位的依法必须进行招标的项目，招标人应当组建资格审查委员会审查资格预审申请文件。资格审查委员会及其成员应当遵守《招标投标法》及其实施条例有关评标委员会及其成员的规定。资格预审结束后，招标人应当及时向资格预审申请人发出资格预审结果通知书。未通过资格预审的申请人不具有投标资格。通过资格预审的申请人少于3个的，应当重新招标。

潜在投标人或者其他利害关系人对资格预审文件有异议的，应当在提交资格预审申请文件截止时间2日前提出。招标人应当自收到异议之日起3日内作出答复；作出答复前，应当暂停招标投标活动。招标人编制的资格预审文件的内容违反法律、行政法规的强制性规定，违反公开、公平、公正和诚实信用原则，影响资格预审结果的，依法必须进行招标的项目的招标人应当在修改资格预审文件后重新招标。

招标人采用资格后审办法对投标人进行资格审查的，应当在开标后由评标委员会按照招标文件规定的标准和方法对投标人的资格进行审查。

（6）开标。

《招标投标法》规定，开标应当在招标文件确定的提交投标文件截止时间的同一时间公开进行；开标地点应当为招标文件中预先确定的地点。开标由招标人主持，邀请所有投标人参加。开标时，由投标人或者其推选的代表检查投标文件的密封情况，也可以由招标人委托的公证机构检查并公证。经确认无误后，由工作人员当众拆封，宣读投标人名称、投标价格和投标文件的其他主要内容。招标人在招标文件要求提交投标文件的截止时间前收到的所有投标文件，开标时都应当当众予以拆封、宣读。开标过程应当记录，并存档备查。

《招标投标法实施条例》进一步规定，招标人应当按照招标文件规定的时间、地点开标。投标人少于3个的，不得开标；招标人应当重新招标。投标人对开标有异议的，应当在开标现场提出，招标人应当当场作出答复，并制作记录。

（7）评标。

《招标投标法》规定，评标由招标人依法组建的评标委员会负责。招标人应当采取必要的措施，保证评标在严格保密的情况下进行。任何单位和个人不得非法干预、影响评标的过程和结果。

依法必须进行招标的项目，其评标委员会由招标人的代表和有关技术、经济等方面的专家组成，成员人数为5人以上单数，其中技术、经济等方面的专家不得少于成员总数的三分之二。与投标人有利害关系的人不得进入相关项目的评标委员会；已经进入的应当更换。评标委员会成员的名单在中标结果确定前应当保密。

评标委员会可以要求投标人对投标文件中含义不明确的内容作必要的澄清或者说明，但是澄清或者说明不得超出投标文件的范围或者改变投标文件的实质性内容。评标委员会应当按照招标文件确定的评标标准和方法，对投标文件进行评审和比较；设有标底的，应当参考标底。评标委员会完成评标后，应当向招标人提出书面评标报告，并推荐合格的中标候选人。评标委员会经评审，认为所有投标都不符合招标文件要求的，可以否决所有投标。依法必须进行招标的项目的所有投标被否决的，招标人应当依法重新招标。

《招标投标法实施条例》规定，招标项目设有标底的，招标人应当在开标时公布。标底只能作为评标的参考，不得以投标报价是否接近标底作为中标条件，也不得以投标报价超过标底上下浮动范围作为否决投标的条件。有下列情形之一的，评标委员会应当否决其投标：

1）投标文件未经投标单位盖章和单位负责人签字。

2）投标联合体没有提交共同投标协议。

3）投标人不符合国家或者招标文件规定的资格条件。

4）同一投标人提交两个以上不同的投标文件或者投标报价，但招标文件要求提交备选投标的除外。

5）投标报价低于成本或者高于招标文件设定的最高投标限价。

6）投标文件没有对招标文件的实质性要求和条件作出响应。

7）投标人有串通投标、弄虚作假、行贿等违法行为。

投标文件中有含义不明确的内容、明显文字或者计算错误，评标委员会认为需要投标人作出必要澄清、说明的，应当书面通知该投标人。投标人的澄清、说明应当采用书面形式，并不得超出投标文件的范围或者改变投标文件的实质性内容。评标委员会不得暗示或者诱导投标人作出澄清、说明，不得接受投标人主动提出的澄清、说明。

评标完成后，评标委员会应当向招标人提交书面评标报告和中标候选人名单。中标候选人应当不超过 3 个，并标明排序。评标报告应当由评标委员会全体成员签字。对评标结果有不同意见的评标委员会成员应当以书面形式说明其不同意见和理由，评标报告应当注明该不同意见。评标委员会成员拒绝在评标报告上签字又不书面说明其不同意见和理由的，视为同意评标结果。

（8）中标和签订合同。

《招标投标法》规定，招标人根据评标委员会提出的书面评标报告和推荐的中标候选人确定中标人。招标人也可以授权评标委员会直接确定中标人。招标人和中标人应当自中标通知书发出之日起 30 日内，按照招标文件和中标人的投标文件订立书面合同。招标人和中标人不得再行订立背离合同实质性内容的其他协议。

《招标投标法实施条例》进一步规定，招标人和中标人应当依照《招标投标法》及其实施条例的规定签订书面合同，合同的标的、价款、质量、履行期限等主要条款应当与招标文件和中标人的投标文件的内容一致。

（9）终止招标。

《招标投标法实施条例》规定，招标人终止招标的，应当及时发布公告，或者以书面形式通知被邀请的或者已经获取资格预审文件、招标文件的潜在投标人。已经发售资格预审文件、招标文件或者已经收取投标保证金的，招标人应当及时退还所收取的资格预审文件、招标文件的费用，以及所收取的投标保证金及银行同期存款利息。

2. 禁止肢解发包的规定

肢解发包是指建设单位将本应由一个承包单位整体承建完成的建设工程肢解成若干部分，分别发包给不同承包单位的行为。

2019 年 4 月经修改后公布的《建筑法》规定，提倡对建筑工程实行总承包，禁止将建筑工程肢解发包。建筑工程的发包单位可以将建筑工程的勘察、设计、施工、设备采购一并发包给一个工程总承包单位，也可以将建筑工程勘察、设计、施工、设备采购的一项或者多项发包给一个工程总承包单位；但是，不得将应当由一个承包单位完成的建筑工程肢解成若干部分发包给几个承包单位。

3. 禁止限制、排斥投标人的规定

《招标投标法》规定，依法必须进行招标的项目，其招标投标活动不受地区或者部门的限制。任何单位和个人不得违法限制或者排斥本地区、本系统以外的法人或者非法人组织参加投标，不得以任何方式非法干涉招标投标活动。

《招标投标法实施条例》进一步规定，招标人不得以不合理的条件限制、排斥潜在投标人或者投标人。招标人有下列行为之一的，属于以不合理条件限制、排斥潜在投标人或者投标人：

（1）就同一招标项目向潜在投标人或者投标人提供有差别的项目信息。

（2）设定的资格、技术、商务条件与招标项目的具体特点和实际需要不相适应或者与合同履行无关。

（3）依法必须进行招标的项目以特定行政区域或者特定行业的业绩、奖项作为加分条件或者中标条件。

（4）对潜在投标人或者投标人采取不同的资格审查或者评标标准。

（5）限定或者指定特定的专利、商标、品牌、原产地或者供应商。

（6）依法必须进行招标的项目非法限定潜在投标人或者投标人的所有制形式或者组织

形式。

（7）以其他不合理条件限制、排斥潜在投标人或者投标人。

《招标投标法实施条例》还规定，招标人不得组织单个或者部分潜在投标人踏勘项目现场。

导入案例
解析二

3.1.3 投标人、投标文件和投标保证金

1. 投标人

《招标投标法》规定，投标人是响应招标、参加投标竞争的法人或者非法人组织。投标人应当具备承担招标项目的能力；国家有关规定对投标人资格条件或者招标文件对投标人资格条件有规定的，投标人应当具备规定的资格条件。

《招标投标法实施条例》进一步规定，投标人参加依法必须进行招标的项目的投标，不受地区或者部门的限制，任何单位和个人不得非法干涉。与招标人存在利害关系可能影响招标公正性的法人、非法人组织或者个人，不得参加投标。单位负责人为同一人或者存在控股、管理关系的不同单位，不得参加同一标段投标或者未划分标段的同一招标项目投标。

《招标投标法》规定，两个以上法人或者非法人组织可以组成一个联合体，以一个投标人的身份共同投标。联合体各方均应当具备承担招标项目的相应能力；国家有关规定或者招标文件对投标人资格条件有规定的，联合体各方均应当具备规定的相应资格条件。由同一专业的单位组成的联合体，按照资质等级较低的单位确定资质等级。联合体各方应当签订共同投标协议，明确约定各方拟承担的工作和责任，并将共同投标协议连同投标文件一并提交招标人。联合体中标的，联合体各方应当共同与招标人签订合同，就中标项目向招标人承担连带责任。招标人不得强制投标人组成联合体共同投标，不得限制投标人之间的竞争。

《招标投标法实施条例》规定，招标人应当在资格预审公告、招标公告或者投标邀请书中载明是否接受联合体投标。招标人接受联合体投标并进行资格预审的，联合体应当在提交资格预审申请文件前组成。资格预审后联合体增减、更换成员的，其投标无效。联合体各方在同一招标项目中以自己名义单独投标或者参加其他联合体投标的，相关投标均无效。

2. 投标文件

（1）投标文件的内容要求。

《招标投标法》规定，投标人应当按照招标文件的要求编制投标文件。投标文件应当

对招标文件提出的实质性要求和条件作出响应。招标项目属于建设施工的，投标文件的内容应当包括拟派出的项目负责人与主要技术人员的简历、业绩和拟用于完成招标项目的机械设备等。

《标准施工招标文件》（2023 年版）中进一步明确，投标文件应包括下列内容：1）投标函及投标函附录；2）法定代表人身份证明或附有法定代表人身份证明的授权委托书；3）联合体协议书；4）投标保证金；5）已标价工程量清单；6）施工组织设计；7）项目管理机构；8）拟分包项目情况表；9）资格审查资料；10）投标人须知前附表规定的其他材料。但是，投标人须知前附表规定不接受联合体投标的，或投标人没有组成联合体的，投标文件不包括联合体协议书。

《建筑工程施工发包与承包计价管理办法》规定，投标报价不得低于工程成本，不得高于最高投标限价。投标报价应当依据工程量清单、工程计价有关规定、企业定额和市场价格信息等编制。

（2）投标文件的修改与撤回。

《招标投标法》规定，投标人在招标文件要求提交投标文件的截止时间前，可以补充、修改或者撤回已提交的投标文件，并书面通知招标人。补充、修改的内容为投标文件的组成部分。

（3）投标文件的送达与签收。

《招标投标法》规定，投标人应当在招标文件要求提交投标文件的截止时间前，将投标文件送达投标地点。招标人收到投标文件后，应当签收保存，不得开启。投标人少于 3 个的，招标人应当依法重新招标。在招标文件要求提交投标文件的截止时间后送达的投标文件，招标人应当拒收。

《招标投标法实施条例》进一步规定，未通过资格预审的申请人提交的投标文件，以及逾期送达或者不按照招标文件要求密封的投标文件，招标人应当拒收。招标人应当如实记载投标文件的送达时间和密封情况，并存档备查。

3. 投标保证金

《招标投标法实施条例》规定，招标人在招标文件中要求投标人提交投标保证金的，投标保证金不得超过招标项目估算价的 2%。投标保证金有效期应当与投标有效期一致。招标人不得挪用投标保证金。

2013 年 3 月国家发展和改革委员会等九部委经修改后发布的《工程建设项目施工招标投标办法》进一步规定，投标保证金不得超过项目估算价的 2%，但最高不得超过 80 万元人民币。

实行两阶段招标的，招标人要求投标人提交投标保证金的，应当在第二阶段提出。招标人终止招标，已经收取投标保证金的，招标人应当及时退还所收取的投标保证金及银行同期存款利息。投标人撤回已提交的投标文件，招标人已收取投标保证金的，应当自收到投标人书面撤回通知之日起 5 日内退还。投标截止后投标人撤销投标文件的，招标人可以不退还投标保证金。

招标人最迟应当在书面合同签订后 5 日内向中标人和未中标的投标人退还投标保证金及银行同期存款利息。

导入案例
解析三

3.1.4 禁止串通投标和其他不正当竞争行为的规定

2019 年 4 月经修改后公布的《中华人民共和国反不正当竞争法》（以下简称《反不正当竞争法》）规定，不正当竞争行为，是指经营者在生产经营活动中，违反本法规定，扰乱市场竞争秩序，损害其他经营者或者消费者的合法权益的行为。

在建设工程招标投标活动中，投标人的不正当竞争行为主要是：投标人相互串通投标、招标人与投标人串通投标、投标人以行贿手段谋取中标、投标人以低于成本的报价竞标、投标人以他人名义投标或者以其他方式弄虚作假骗取中标。

1. 禁止投标人相互串通投标

《招标投标法》规定，投标人不得相互串通投标报价，不得排挤其他投标人的公平竞争，损害招标人或者其他投标人的合法权益。《招标投标法实施条例》进一步规定，禁止投标人相互串通投标。有下列情形之一的，属于投标人相互串通投标：

（1）投标人之间协商投标报价等投标文件的实质性内容。

（2）投标人之间约定中标人。

（3）投标人之间约定部分投标人放弃投标或者中标。

（4）属于同一集团、协会、商会等组织成员的投标人按照该组织要求协同投标。

（5）投标人之间为谋取中标或者排斥特定投标人而采取的其他联合行动。

有下列情形之一的，视为投标人相互串通投标：

（1）不同投标人的投标文件由同一单位或者个人编制。

（2）不同投标人委托同一单位或者个人办理投标事宜。

（3）不同投标人的投标文件载明的项目管理成员为同一人。

（4）不同投标人的投标文件异常一致或者投标报价呈规律性差异。

（5）不同投标人的投标文件相互混装。

（6）不同投标人的投标保证金从同一单位或者个人的账户转出。

2. 禁止招标人与投标人串通投标

《招标投标法》规定，投标人不得与招标人串通投标，损害国家利益、社会公共利益或者他人的合法权益。《招标投标法实施条例》进一步规定，禁止招标人与投标人串通投标。有下列情形之一的，属于招标人与投标人串通投标：

（1）招标人在开标前开启投标文件并将有关信息泄露给其他投标人。

（2）招标人直接或者间接向投标人泄露标底、评标委员会成员等信息。

（3）招标人明示或者暗示投标人压低或者抬高投标报价。

（4）招标人授意投标人撤换、修改投标文件。

（5）招标人明示或者暗示投标人为特定投标人中标提供方便。

（6）招标人与投标人为谋求特定投标人中标而采取的其他串通行为。

3. 禁止投标人以行贿手段谋取中标

《反不正当竞争法》规定，经营者不得采用财物或者其他手段贿赂下列单位或者个人，以谋取交易机会或者竞争优势：

（1）交易相对方的工作人员。

（2）受交易相对方委托办理相关事务的单位或者个人。

（3）利用职权或者影响力影响交易的单位或者个人。

经营者的工作人员进行贿赂的，应当认定为经营者的行为；但是，经营者有证据证明该工作人员的行为与为经营者谋取交易机会或者竞争优势无关的除外。同时，《反不正当竞争法》还规定，经营者在交易活动中，可以以明示方式向交易相对方支付折扣，或者向中间人支付佣金。经营者向交易相对方支付折扣、向中间人支付佣金的，应当如实入账。接受折扣、佣金的经营者也应当如实入账。

《招标投标法》也规定，禁止投标人以向招标人或者评标委员会成员行贿的手段谋取中标。

投标人以行贿手段谋取中标是一种严重的违法行为，其法律后果是中标无效，有关责任人和单位要承担相应的行政责任或刑事责任，给他人造成损失的还应承担民事赔偿责任。

4. 投标人不得以低于成本的报价竞标

低于成本的报价竞标不仅属不正当竞争行为，还易导致中标后的偷工减料，影响建设工程质量。《招标投标法》规定，投标人不得以低于成本的报价竞标。

《建筑工程施工发包与承包计价管理办法》规定，投标报价低于工程成本或者高于最高投标限价总价的，评标委员会应当否决投标人的投标。

5. 投标人不得以他人名义投标或以其他方式弄虚作假骗取中标

《招标投标法》第 33 条规定，投标人不得以他人名义投标或者以其他方式弄虚作假，骗取中标。《招标投标法实施条例》进一步规定，使用通过受让或者租借等方式获取的资格、资质证书投标的，属于《招标投标法》第 33 条规定的以他人名义投标。投标人有下列情形之一的，属于《招标投标法》第 33 条规定的以其他方式弄虚作假的行为：

（1）使用伪造、变造的许可证件。

（2）提供虚假的财务状况或者业绩。

（3）提供虚假的项目负责人或者主要技术人员简历、劳动关系证明。

（4）提供虚假的信用状况。

（5）其他弄虚作假的行为。

3.1.5 中标的法定要求和招标投标投诉处理

1. 中标的法定要求

（1）公示中标候选人。

《招标投标法实施条例》规定，依法必须进行招标的项目，招标人应当自收到评标报告之日起 3 日内公示中标候选人，公示期不得少于 3 日。投标人或者其他利害关系人对依法必须进行招标的项目的评标结果有异议的，应当在中标候选人公示期间提出。招标人应当自收到异议之日起 3 日内作出答复；作出答复前，应当暂停招标投标活动。

（2）确定中标人。

《招标投标法》规定，招标人根据评标委员会提出的书面评标报告和推荐的中标候选人确定中标人。招标人也可以授权评标委员会直接确定中标人。中标人的投标应当符合下列条件之一：1）能够最大限度地满足招标文件中规定的各项综合评价标准；2）能够满足招标文件的实质性要求，并且经评审的投标价格最低，但是投标价格低于成本的除外。在确定中标人前，招标人不得与投标人就投标价格、投标方案等实质性内容进行谈判。

《招标投标法实施条例》还规定，国有资金占控股或者主导地位的依法必须进行招标的项目，招标人应当确定排名第一的中标候选人为中标人。排名第一的中标候选人放弃中标、因不可抗力不能履行合同、不按照招标文件要求提交履约保证金，或者被查实存在影响中标结果的违法行为等情形，不符合中标条件的，招标人可以按照评标委员会提出的中标候选人名单排序依次确定其他中标候选人为中标人，也可以重新招标。

中标候选人的经营、财务状况发生较大变化或者存在违法行为，招标人认为可能影响其履约能力的，应当在发出中标通知书前由原评标委员会按照招标文件规定的标准和方法审查确认。

（3）中标通知书和报告招标投标情况。

《招标投标法》规定，中标人确定后，招标人应当向中标人发出中标通知书，并同时将中标结果通知所有未中标的投标人。中标通知书对招标人和中标人具有法律效力。中标通知书发出后，招标人改变中标结果的，或者中标人放弃中标项目的，应当依法承担法律责任。

依法必须进行招标的项目，招标人应当自确定中标人之日起15日内，向有关行政监督部门提交招标投标情况的书面报告。

（4）履约保证金。

《招标投标法》规定，招标文件要求中标人提交履约保证金的，中标人应当提交。《招标投标法实施条例》进一步规定，履约保证金不得超过中标合同金额的10%。中标人应当按照合同约定履行义务，完成中标项目。

《国务院办公厅关于促进建筑业持续健康发展的意见》还规定，引导承包企业以银行保函或担保公司保函的形式，向建设单位提供履约担保。

2. 招标投标投诉与处理

（1）投诉的规定。

《招标投标法实施条例》规定，投标人或者其他利害关系人认为招标投标活动不符合法律、行政法规规定的，可以自知道或者应当知道之日起10日内向有关行政监督部门投诉。投诉应当有明确的请求和必要的证明材料。但是，对资格预审文件、招标文件、开标以及对依法必须进行招标项目的评标结果有异议的，应当依法先向招标人提出异议，其异议答复期间不计算在以上规定的期限内。

（2）投诉处理的规定。

《招标投标法实施条例》规定，投诉人就同一事项向两个以上有权受理的行政监督部门投诉的，由最先收到投诉的行政监督部门负责处理。行政监督部门应当自收到投诉之日起3个工作日内决定是否受理投诉，并自受理投诉之日起30个工作日内作出书面处理决定；需要检验、检测、鉴定、专家评审的，所需时间不计算在内。投诉人捏造事实、伪造材料或者以非法手段取得证明材料进行投诉的，行政监督部门应当予以驳回。

导入案例
解析四

行政监督部门处理投诉，有权查阅、复制有关文件、资料，调查有关情况，相关单位和人员应当予以配合。必要时，行政监督部门可以责令暂停招标投标活动。行政监督部门的工作人员对监督检查过程中知悉的国家秘密、商业秘密，应当依法予以保密。

3.2 建设工程承包制度

学习目标

- 熟悉建设工程总承包的规定。
- 了解建设工程共同承包的规定。
- 掌握建设工程分包的规定。
- 能运用建设工程承包制度知识分析建设工程案例。

建设工程承包制度包括总承包、共同承包、分包等制度。

3.2.1 建设工程发承包的基本规定

1. 建设工程发包的基本规定

《建筑法》规定，建筑工程实行招标发包的，发包单位应当将建筑工程发包给依法中标的承包单位。建筑工程实行直接发包的，发包单位应当将建筑工程发包给具有相应资质条件的承包单位。

按照合同约定，建筑材料、建筑构配件和设备由工程承包单位采购的，发包单位不得指定承包单位购入用于工程的建筑材料、建筑构配件和设备或者指定生产厂、供应商。

2019 年 4 月发布的《政府投资条例》规定，政府投资项目所需资金应当按照国家有关规定确保落实到位。政府投资项目不得由施工单位垫资建设。

住房和城乡建设部《建筑工程施工发包与承包违法行为认定查处管理办法》（建市规〔2019〕1 号）规定，存在下列情形之一的，属于违法发包：

（1）建设单位将工程发包给个人的。

（2）建设单位将工程发包给不具有相应资质的单位的。

（3）依法应当招标未招标或未按照法定招标程序发包的。

（4）建设单位设置不合理的招标投标条件，限制、排斥潜在投标人或者投标人的。

（5）建设单位将一个单位工程的施工分解成若干部分发包给不同的施工总承包或专业承包单位的。

2. 建设工程承包的基本规定

《建筑法》规定，承包建筑工程的单位应当持有依法取得的资质证书，并在其资质等级许可的业务范围内承揽工程。禁止建筑施工企业超越本企业资质等级许可的业务范围或者以任何形式用其他建筑施工企业的名义承揽工程。禁止建筑施工企业以任何形式允许其他单位或者个人使用本企业的资质证书、营业执照，以本企业的名义承揽工程。

3.2.2 建设工程总承包的规定

《建筑法》规定，建筑工程的发包单位可以将建筑工程的勘察、设计、施工、设备采购一并发包给一个工程总承包单位，也可以将建筑工程勘察、设计、施工、设备采购的一项或者多项发包给一个工程总承包单位。

住房和城乡建设部、国家发展和改革委员会发布的《房屋建筑和市政基础设施项目工程总承包管理办法》（建市规〔2019〕12 号）规定，工程总承包，是指承包单位按照与建设单位签订的合同，对工程设计、采购、施工或者设计、施工等阶段实行总承包，并对工程的质量、安全、工期和造价等全面负责的工程建设组织实施方式。

1. 工程总承包项目的发包和承包

《房屋建筑和市政基础设施项目工程总承包管理办法》规定，建设单位依法采用招标或者直接发包等方式选择工程总承包单位。工程总承包项目范围内的设计、采购或者施工中，有任一项属于依法必须进行招标的项目范围且达到国家规定规模标准的，应当采用招标的方式选择工程总承包单位。

工程总承包单位应当同时具有与工程规模相适应的工程设计资质和施工资质，或者由具有相应资质的设计单位和施工单位组成联合体。工程总承包单位应当具有相应的项目管理体系和项目管理能力、财务和风险承担能力，以及与发包工程相类似的设计、施工或者工程总承包业绩。设计单位和施工单位组成联合体的，应当根据项目的特点和复杂程度，合理确定牵头单位，并在联合体协议中明确联合体成员单位的责任和权利。联合体各方应当共同与建设单位签订工程总承包合同，就工程总承包项目承担连带责任。

工程总承包单位不得是工程总承包项目的代建单位、项目管理单位、监理单位、造价咨询单位、招标代理单位。

鼓励设计单位申请取得施工资质，已取得工程设计综合资质、行业甲级资质、建筑工程专业甲级资质的单位，可以直接申请相应类别施工总承包一级资质。鼓励施工单位申请取得工程设计资质，具有一级及以上施工总承包资质的单位可以直接申请相应类别的工程设计甲级资质。完成的相应规模工程总承包业绩可以作为设计、施工业绩申报。

企业投资项目的工程总承包宜采用总价合同，政府投资项目的工程总承包应当合理确定合同价格形式。采用总价合同的，除合同约定可以调整的情形外，合同总价一般不予调整。

2. 工程总承包项目实施

《房屋建筑和市政基础设施项目工程总承包管理办法》规定，建设单位根据自身资源和能力，可以自行对工程总承包项目进行管理，也可以委托勘察设计单位、代建单位等项目管理单位，赋予相应权利，依照合同对工程总承包项目进行管理。

建设单位不得迫使工程总承包单位以低于成本的价格竞标，不得明示或者暗示工程总承包单位违反工程建设强制性标准、降低建设工程质量，不得明示或者暗示工程总承包单位使用不合格的建筑材料、建筑构配件和设备。建设单位不得对工程总承包单位提出不符合建设工程安全生产法律、法规和强制性标准规定的要求，不得明示或者暗示工程总承包单位购买、租赁、使用不符合安全施工要求的安全防护用具、机械设备、施工机具及配件、消防设施和器材。

工程总承包单位应当设立项目管理机构，设置项目经理，配备相应管理人员，加强设计、采购与施工的协调，完善和优化设计，改进施工方案，实现对工程总承包项目的有效管理控制。工程总承包项目经理应当具备下列条件：

（1）取得相应工程建设类注册执业资格，包括注册建筑师、勘察设计注册工程师、注册建造师或者注册监理工程师等；未实施注册执业资格的，取得高级专业技术职称。

（2）担任过与拟建项目相类似的工程总承包项目经理、设计项目负责人、施工项目负责人或者项目总监理工程师。

（3）熟悉工程技术和工程总承包项目管理知识以及相关法律法规、标准规范。

（4）具有较强的组织协调能力和良好的职业道德。

工程总承包项目经理不得同时在两个或者两个以上工程项目担任工程总承包项目经理、施工项目负责人。

工程总承包单位可以采用直接发包的方式进行分包。但以暂估价形式包括在总承包范围内的工程、货物、服务分包时，属于依法必须进行招标的项目范围且达到国家规定规模标准的，应当依法招标。

3. 工程总承包企业的责任

《建筑法》规定，建筑工程总承包单位按照总承包合同的约定对建设单位负责；分包单位按照分包合同的约定对总承包单位负责。总承包单位和分包单位就分包工程对建设单位承担连带责任。

《房屋建筑和市政基础设施项目工程总承包管理办法》规定，工程总承包单位对承包范围内工程的安全生产负总责。分包单位应当服从工程总承包单位的安全生产管理，分包单位不服从管理导致生产安全事故的，由分包单位承担主要责任，分包不免除工程总承包单位的安全责任。

工程总承包单位应当对其承包的全部建设工程质量负责，分包单位对其分包工程的质量负责，分包不免除工程总承包单位对其承包的全部建设工程所负的质量责任。工程保修书由建设单位与工程总承包单位签署，保修期内工程总承包单位应当根据法律法规规定以及合同约定承担保修责任，工程总承包单位不得以其与分包单位之间保修责任划分而拒绝履行保修责任。

3.2.3 建设工程共同承包的规定

共同承包是指由两个以上具备承包资格的单位共同组成非法人的联合体，以共同的名义对工程进行承包的行为。这是在国际工程发承包活动中较为通行的一种做法，可有效地规避工程承包风险。

1. 共同承包的适用范围

《建筑法》规定，大型建筑工程或者结构复杂的建筑工程，可以由两个以上的承包单位联合共同承包。

2. 共同承包的资质要求

《建筑法》规定，两个以上不同资质等级的单位实行联合共同承包的，应当按照资质等级低的单位的业务许可范围承揽工程。

3. 共同承包的责任

《招标投标法》规定，联合体中标的，联合体各方应当共同与招标人签订合同，就中标项目向招标人承担连带责任。

共同承包各方应签订联合承包协议，明确约定各方的权利、义务以及相互合作、违约责任承担等条款。各承包方就承包合同的履行对建设单位承担连带责任。如果出现赔偿责任，建设单位有权向共同承包的任何一方请求赔偿，而被请求方不得拒绝，在其支付赔偿后可依据联合承包协议及有关各方过错大小，有权对超过自己应赔偿的那部分份额向其他方进行追偿。

3.2.4 建设工程分包的规定

建设工程施工分包可分为专业工程分包与劳务作业分包。专业工程分包是指施工总承包企业将其所承包工程中的专业工程发包给具有相应资质的其他建筑业企业完成的活动。劳务作业分包是指施工总承包企业或者专业承包企业将其承包工程中的劳务作业发包给劳务分包企业完成的活动。

1. 分包工程的范围

《建筑法》规定，建筑工程总承包单位可以将承包工程中的部分工程发包给具有相应资质条件的分包单位。禁止承包单位将其承包的全部建筑工程转包给他人，禁止承包单位将其承包的全部建筑工程肢解以后以分包的名义分别转包给他人。施工总承包的，建筑工程主体结构的施工必须由总承包单位自行完成。

《招标投标法》也规定，中标人按照合同约定或者经招标人同意，可以将中标项目的部分非主体、非关键性工作分包给他人完成。中标人不得向他人转让中标项目，也不得将中标项目肢解后分别向他人转让。

2. 分包单位的条件与认可

《建筑法》规定，建筑工程总承包单位可以将承包工程中的部分工程发包给具有相应资质条件的分包单位；但是，除总承包合同中约定的分包外，必须经建设单位认可。禁止总承包单位将工程分包给不具备相应资质条件的单位。

3. 分包单位不得再分包

《建筑法》规定，禁止分包单位将其承包的工程再分包。《招标投标法》也规定，接受分包的人不得再次分包。根据《房屋建筑和市政基础设施工程施工分包管理办法》的规定，除专业承包企业可以将其承包工程中的劳务作业发包给劳务分包企业外，专业分包工程承包人和劳务作业承包人都必须自行完成所承包的任务。

4. 转包、违法分包的界定

按照我国法律的规定，转包是必须禁止的，而依法实施的工程分包则是允许的，但违法分包同样在法律的禁止之列。

住房和城乡建设部 2019 年 1 月颁布的《建筑工程施工发包与承包违法行为认定查处管理办法》（建市规〔2019〕1 号）规定，转包，是指承包单位承包工程后，不履行合同约定的责任和义务，将其承包的全部工程或者将其承包的全部工程肢解后以分包的名义分别转给其他单位或个人施工的行为。存在下列情形之一的，应当认定为转包，但有证据证明属于挂靠或者其他违法行为的除外：

（1）承包单位将其承包的全部工程转给其他单位（包括母公司承接建筑工程后将所承接工程交由具有独立法人资格的子公司施工的情形）或个人施工的。

（2）承包单位将其承包的全部工程肢解以后，以分包的名义分别转给其他单位或个人施工的。

（3）施工总承包单位或专业承包单位未派驻项目负责人、技术负责人、质量管理负责人、安全管理负责人等主要管理人员，或派驻的项目负责人、技术负责人、质量管理负责人、安全管理负责人中一人及以上与施工单位没有订立劳动合同且没有建立劳动工资和社会养老保险关系，或派驻的项目负责人未对该工程的施工活动进行组织管理，又不能进行合理解释并提供相应证明的。

（4）合同约定由承包单位负责采购的主要建筑材料、构配件及工程设备或租赁的施工机械设备，由其他单位或个人采购、租赁，或施工单位不能提供有关采购、租赁合同及发票等证明，又不能进行合理解释并提供相应证明的。

（5）专业作业承包人承包的范围是承包单位承包的全部工程，专业作业承包人计取的是除上缴给承包单位“管理费”之外的全部工程价款的。

（6）承包单位通过采取合作、联营、个人承包等形式或名义，直接或变相将其承包的全部工程转给其他单位或个人施工的。

（7）专业工程的发包单位不是该工程的施工总承包或专业承包单位的，但建设单位依约作为发包单位的除外。

（8）专业作业的发包单位不是该工程承包单位的。

（9）施工合同主体之间没有工程款收付关系，或者承包单位收到款项后又将款项转拨给其他单位和个人，又不能进行合理解释并提供材料证明的。

《建筑工程施工发包与承包违法行为认定查处管理办法》规定，违法分包，是指承包单位承包工程后违反法律法规规定，把单位工程或分部分项工程分包给其他单位或个人施工的行为。存在下列情形之一的，属于违法分包：

（1）承包单位将其承包的工程分包给个人的。

（2）施工总承包单位或专业承包单位将工程分包给不具备相应资质单位的。

（3）施工总承包单位将施工总承包合同范围内工程主体结构的施工分包给其他单位的，钢结构工程除外。

（4）专业分包单位将其承包的专业工程中非劳务作业部分再分包的。

（5）专业作业承包人将其承包的劳务再分包的。

（6）专业作业承包人除计取劳务作业费用外，还计取主要建筑材料款和大中型施工机械设备、主要周转材料费用的。

技能检测

一、单选题

1. 下列情形可以进行邀请招标的是（　　）。

A. 施工单项合同价为 100 万元的建设工程项目

B. 某项目由于技术复杂，只有 4 家施工企业具有承接工程的能力

C. 在建工程追加附属小型工程的

D. 某抢险救灾项目

2. 关于投标文件撤回的说法，正确的是（　　）。

A. 投标文件递交后不可撤回

B. 投标人在投标截止时间前撤回已提交的投标文件的，招标人应当退还投标保证金

C. 投标人撤回已提交的招标文件，无须通知投标人

D. 中标通知书发出之前，投标人有权撤回投标文件

3. 招标项目开标时，检查投标文件密封情况的应当是（　　）。

A. 投标人　　B. 招标人

C. 招标代理机构人员　　D. 招标单位的纪检部门人员

4. 关于有效投标价格的说法，正确的是（　　）。

A. 投标报价低于成本　　B. 投标报价高于最高投标限价

C. 投标报价高于其他投标人报价　　D. 投标人提供备选价格

5. 根据招投标相关法律规定，下列招标投标行为中，不构成招标人与投标人串通投标的是（　　）。

A. 招标人与投标人事先商定压低标价，中标后再给中标人让利

B. 招标人从几名中标候选人中确定中标人

C. 招标人在开标前将投标情况告知其他投标人

D. 招标人预先内定中标人

6. 关于建设工程施工承包联合体的说法，正确的是（　　）。

A. 联合体的资质等级按照联合体中资质等级较高的单位确定

B. 联合体属于非法人组织

C. 联合体各方独立承担相应的责任

D. 联合体的成员可以对同一工程单独投标

7. 对于依法必须招标的工程建设项目，排名第一的中标候选人（　　），招标人可以确定排名第二的中标候选人为中标人。

A. 提供虚假资质证明　　B. 向评标委员会成员行贿

C. 因不可抗力提出不能履行合同　　D. 与招标代理机构串通

8. 关于联合体共同承包的说法，错误的是（　　）。

A. 联合体各方之间应签订合同明确各自权利义务

B. 不同资质类别和等级的单位组成联合体，按照资质等级高的单位业务许可范围

承揽工程

C. 联合体各方对承包合同履行承担连带责任

D. 不同资质类别和等级的单位组成联合体，按照资质等级低的单位业务许可范围承揽工程

9. 当分包工程发生安全事故给建设单位造成损失时，关于责任承担的说法，正确的是（　　）。

A. 建设单位可以要求分包单位和总承包单位承担无限连带责任

B. 建设单位与分包单位无合同关系，无权向分包单位主张权利

C. 总承包单位承担责任超过其应承担份额的，有权向有责任的分包单位追偿

D. 分包单位只对总承包单位承担责任

10. 下列可视为投标人相互串通投标的是（　　）。

A. 投标人之间约定中标人

B. 投标人之间约定部分投标人放弃投标

C. 不同投标人的投标文件相互混装

D. 投标人以弄虚作假方式骗取中标

二、多选题

1. 根据《必须招标的工程项目规定》，下列项目属于必须进行招标的有（　　）。

A. 使用国有企业资金，并且该资金占控股或者主导地位的项目

B. 使用有限公司资金的项目

C. 使用世界银行、亚洲开发银行等国际组织贷款、援助资金的项目

D. 使用外国政府及其机构贷款、援助资金的项目

E. 使用财政预算资金 200 万元以上，并且该资金占投资额 10% 以上的项目

2. 关于招标代理机构的说法，正确的有（　　）。

A. 招标代理机构是社会中介组织

B. 工程招标代理机构可以参与同一招标工程的投标

C. 未经招标人同意，招标代理机构不得向他人转让代理业务

D. 工程招标代理机构不得与招标工程的投标人有利益关系

E. 由评标委员会指定招标代理机构

3. 根据《建筑工程施工发包与承包违法行为认定查处管理办法》，下列情形中，属于违法分包的有（　　）。

A. 将工程分包给不具有相应资质条件的单位

B. 将钢结构工程分包的

C. 未经建设单位同意，将工程分包的

D. 分包单位将分包工程再分包的

E. 分包单位将劳务作业分包的

4. 下列关于投标保证金的说法，正确的有（　　）。

A. 投标人应当按照招标文件的要求提交投标保证金

B. 投标保证金是投标文件的有效组成部分

C. 投标保证金的担保形式，应在招标文件中规定

D. 投标保证金应当在投标截止时间前送达

E. 投标保证金的金额一般由双方约定

5. 下列招标情形中，属于以不合理条件限制、排斥潜在投标人或者投标人的有（　　）。

A. 就同一招标项目向潜在投标人或者投标人提供有差别的项目信息

B. 设定的资格、技术、商务条件与招标项目的具体特点和实际需要不相适应

C. 限定或者指定特定的专利、商标、品牌、原产地或供应商

D. 对不同的潜在投标人或者投标人采取相同的资格审查或者评标标准

E. 依法必须进行招标的项目以特定行业的业绩、奖项作为加分条件或者中标条件

三、案例分析题

某群体住宅工程，通过招标程序，最终确定施工单位 A 中标，并参照《建设工程施工合同（示范文本）》(GF-2017-0201）与 A 单位签订施工承包合同。施工合同中允许总承包单位自行合法分包，A 单位将物业配套楼整体分包给 B 单位，公共区域园林绿化分包给 C 单位（该单位未在施工现场设立项目管理机构，委托劳务队伍进行施工），自行施工的 8 栋住宅楼的主体结构工程劳务（含钢筋、混凝土主材与模架等周转材料）分包给 D 单位，上述单位均具备相应施工资质。地方建设行政主管部门在例行检查时提出其分包行为不符合《建筑工程施工发包与承包违法行为认定查处管理办法》相关规定，要求其整改。

问题：

上述分包行为中哪些属于违法行为？请说明理由。

单元4 建设工程合同和劳动合同法律制度

单元导读

本单元内容为建设工程合同和劳动合同法律制度，包括建设工程合同制度、劳动合同及劳动者权益保护制度、相关合同制度三部分内容。建设工程发承包的整个过程主要体现为承包合同的签订和合同的履行。建设工程合同的顺利履行是建设工程质量、投资和工期的基本保障，对建设工程合同当事人，以及社会公共利益、公众的生命健康都有重要的意义。因此，本单元内容在建设工程活动中具有很强的应用性，是建造师执业资格考试的重点内容。

单元重点

1. 合同的要约与承诺。
2. 建设工程合同的法定形式和内容。
3. 建设工程工期的规定。
4. 建设工程价款支付的规定。
5. 建设工程合同的索赔。
6. 劳动合同的履行、变更、解除和终止。
7. 劳动安全卫生和保护的规定。

素养提升

学习建设工程合同法律制度，树立契约精神，在合同履行过程中树立责任意识；学习劳动合同法律制度，树立劳动保护意识和安全卫生意识，能够运用法律维护自身权益。

导入案例

4.1 建设工程合同制度

学习目标

- 了解合同的法律特征与订立原则。
- 理解合同的要约与承诺。
- 掌握建设工程施工合同文本的具体规定。
- 能运用建设工程合同制度分析建设工程案例。

建设工程的各方主体（包括建设单位、勘察设计单位、施工单位、监理单位、材料设备供应单位等）都要依靠合同确立相互之间的关系。

4.1.1 合同的法律特征和订立原则

《民法典》规定，合同是民事主体之间设立、变更、终止民事法律关系的协议。

合同具有以下法律特征：（1）合同是一种法律行为。（2）合同的当事人法律地位一律平等，双方自愿协商，任何一方不得将自己的观点、主张强加给另一方。（3）合同的目的在于设立、变更、终止民事权利义务关系。（4）合同的成立必须有两个以上当事人；两个以上当事人不仅作出意思表示，而且意思表示是一致的。

合同的订立，应当遵循平等原则、自愿原则、公平原则、诚信原则、守法与公序良俗原则、绿色原则等。

4.1.2 合同的要约与承诺

1. 合同的订立

合同的订立是指缔约当事人相互为意思表示并达成合意而成立了合同。当事人订立合同，可以采取要约、承诺方式或者其他方式。

2. 要约

（1）要约的构成条件。

要约是希望与他人订立合同的意思表示，该意思表示应当符合下列条件：

1）内容具体确定；

2）表明经受要约人承诺，要约人即受该意思表示约束。

（2）要约邀请。

要约邀请是希望他人向自己发出要约的表示。拍卖公告、招标公告、招股说明书、债券募集办法、基金招募说明书、商业广告和宣传、寄送的价目表等为要约邀请。

（3）要约的法律效力。

要约到达受要约人时生效。

要约可以撤回，撤回要约的通知应当在要约到达受要约人之前或者与要约同时到达受要约人。

要约可以撤销，但是有下列情形之一的除外：

1）要约人以确定承诺期限或者其他形式明示要约不可撤销。

2）受要约人有理由认为要约是不可撤销的，并已经为履行合同做了合理准备工作。

撤销要约的意思表示以对话方式作出的，该意思表示的内容应当在受要约人作出承诺之前为受要约人所知道；撤销要约的意思表示以非对话方式作出的，应当在受要约人作出承诺之前到达受要约人。

有下列情形之一的，要约失效：

1）要约被拒绝。

2）要约被依法撤销。

3）承诺期限届满，受要约人未作出承诺。

4）受要约人对要约的内容作出实质性变更。

3. 承诺

承诺是受要约人同意要约的意思表示。

（1）承诺的方式。

承诺应当以通知的方式作出；但是，根据交易习惯或者要约表明可以通过行为作出承诺的除外。如招标人向中标人发出的中标通知书就是承诺。

承诺应当在要约确定的期限内到达要约人。

（2）承诺的生效。

以通知方式作出的承诺，到达要约人时生效。承诺不需要通知的，根据交易习惯或者要约的要求作出承诺的行为时生效。

承诺可以撤回，撤回承诺的通知应当在承诺通知到达要约人之前或者与承诺通知同时到达要约人。

受要约人超过承诺期限发出承诺，或者在承诺期限内发出承诺，按照通常情形不能及时到达要约人的，为新要约；但是，要约人及时通知受要约人该承诺有效的除外。受要约人在承诺期限内发出承诺，按照通常情形能够及时到达要约人，但是因其他原因致使承诺到达要约人时超过承诺期限的，除要约人及时通知受要约人因承诺超过期限不接受该承诺外，该承诺有效。

承诺的内容应当与要约的内容一致。受要约人对要约的内容作出实质性变更的，为新要约。有关合同标的、数量、质量、价款或者报酬、履行期限、履行地点和方式、违约责任和解决争议方法等的变更，是对要约内容的实质性变更。承诺对要约的内容作出非实质性变更的，除要约人及时表示反对或者要约表明承诺不得对要约的内容作出任何变更外，该承诺有效，合同的内容以承诺的内容为准。

4. 合同的成立

当事人采用合同书形式订立合同的，自当事人均签名、盖章或者按指印时合同成立。在签名、盖章或者按指印之前，当事人一方已经履行主要义务，对方接受时，该合同成立。法律、行政法规规定或者当事人约定合同应当采用书面形式订立，当事人未采用书面形式但是一方已经履行主要义务，对方接受时，该合同成立。

当事人采用信件、数据电文等形式订立合同要求签订确认书的，签订确认书时合同成立。

4.1.3 建设工程合同的法定形式和内容

建设工程合同是承包人进行工程建设，发包人支付价款的合同。建设工程合同包括工程勘察、设计、施工合同。

1. 建设工程合同的法定形式

当事人订立合同，可以采用书面形式、口头形式或者其他形式。书面形式是合同书、信件、电报、电传、传真等可以有形地表现所载内容的形式。以电子数据交换、电子邮件等方式能够有形地表现所载内容，并可以随时调取查用的数据电文，视为书面形式。

《民法典》明确规定，建设工程合同应当采用书面形式。

2. 建设工程合同的内容

合同的内容由当事人约定。勘察、设计合同的内容一般包括提交有关基础资料和概预算等文件的期限、质量要求、费用以及其他协作条件等条款。施工合同的内容一般包括工程范围、建设工期、中间交工工程的开工和竣工时间、工程质量、工程造价、技术资料交付时间、材料和设备供应责任、拨款和结算、竣工验收、质量保修范围和质量保证期、相互协作等条款。

为了指导建设工程施工合同当事人的签约行为，维护合同当事人的合法权益，住房和城乡建设部、国家工商总局（现为国家市场监督管理总局）制定了《建设工程施工合同

（示范文本）》（GF-2017-0201）（以下简称《示范文本》）。《示范文本》由合同协议书、通用合同条款和专用合同条款三部分组成。

（1）合同协议书。

《示范文本》合同协议书共计13条，主要包括：工程概况、合同工期、质量标准、签约合同价和合同价格形式、项目经理、合同文件构成、承诺以及合同生效条件等重要内容，集中约定了合同当事人基本的合同权利义务。

（2）通用合同条款。

通用合同条款共计20条，具体条款分别为：一般约定、发包人、承包人、监理人、工程质量、安全文明施工与环境保护、工期和进度、材料与设备、试验与检验、变更、价格调整、合同价格、计量与支付、验收和工程试车、竣工结算、缺陷责任与保修、违约、不可抗力、保险、索赔和争议解决。

（3）专用合同条款。

专用合同条款是对通用合同条款原则性约定的细化、完善、补充、修改或另行约定的条款。合同当事人可以根据不同建设工程的特点及具体情况，通过双方的谈判、协商对相应的专用合同条款进行修改补充。

《示范文本》规定了合同文件的构成及优先解释顺序：

1）合同协议书。

2）中标通知书（如果有）。

3）投标函及其附录（如果有）。

4）专用合同条款及其附件。

5）通用合同条款。

6）技术标准和要求。

7）图纸。

8）已标价工程量清单或预算书。

9）其他合同文件。

在合同订立及履行过程中形成的与合同有关的文件均构成合同文件组成部分。

上述各项合同文件包括合同当事人就该项合同文件所作出的补充和修改，属于同一类内容的文件，应以最新签署的为准。专用合同条款及其附件须经合同当事人签字或盖章。

4.1.4 建设工程工期的规定

《示范文本》规定，工期是指合同协议书约定的承包人完成工程所需的期限，包括按照合同约定所作的期限变更。

1. 开工日期

开工日期包括计划开工日期和实际开工日期。计划开工日期是指合同协议书约定的开工日期；实际开工日期是指监理人按照开工通知约定发出的符合法律规定的开工通知中载明的开工日期。

2. 竣工日期

竣工日期包括计划竣工日期和实际竣工日期。计划竣工日期是指合同协议书约定的竣工日期。实际竣工日期按照下列约定确定：（1）工程经竣工验收合格的，以承包人提交竣工验收申请报告之日为实际竣工日期，并在工程接收证书中载明；（2）因发包人原因，未在监理人收到承包人提交的竣工验收申请报告 42 天内完成竣工验收，或完成竣工验收不予签发工程接收证书的，以提交竣工验收申请报告的日期为实际竣工日期；（3）工程未经竣工验收，发包人擅自使用的，以转移占有工程之日为实际竣工日期。

3. 工期延误

（1）因发包人原因导致工期延误。

在合同履行过程中，因下列情况导致工期延误和（或）费用增加的，由发包人承担由此延误的工期和（或）增加的费用，且发包人应支付承包人合理的利润：

1）发包人未能按合同约定提供图纸或所提供图纸不符合合同约定的。

2）发包人未能按合同约定提供施工现场、施工条件、基础资料、许可、批准等开工条件的。

3）发包人提供的测量基准点、基准线和水准点及其书面资料存在错误或疏漏的。

4）发包人未能在计划开工日期之日起 7 天内同意下达开工通知的。

5）发包人未能按合同约定日期支付工程预付款、进度款或竣工结算款的。

6）监理人未按合同约定发出指示、批准等文件的。

7）专用合同条款中约定的其他情形。

因发包人原因未按计划开工日期开工的，发包人应按实际开工日期顺延竣工日期，确保实际工期不低于合同约定的工期总日历天数。

（2）因承包人原因导致工期延误。

因承包人原因造成工期延误的，可以在专用合同条款中约定逾期竣工违约金的计算方法和逾期竣工违约金的上限。承包人支付逾期竣工违约金后，不免除承包人继续完成工程及修补缺陷的义务。

4.1.5 建设工程价款支付的规定

1. 涉及工程价款的几个概念

（1）签约合同价和合同价格。

签约合同价是指发包人和承包人在合同协议书中确定的总金额，包括安全文明施工费、暂估价及暂列金额等。

合同价格是指发包人用于支付承包人按照合同约定完成承包范围内全部工作的金额，包括合同履行过程中按合同约定发生的价格变化。

（2）暂估价、暂列金额和计日工。

暂估价是指发包人在工程量清单或预算书中提供的用于支付必然发生但暂时不能确定价格的材料、工程设备、专业工程以及服务工作的金额。

暂列金额是指发包人在工程量清单或预算书中暂定并包括在合同价格中的一笔款项，用于工程合同签订时尚未确定或者不可预见的所需材料、工程设备、服务的采购，施工中可能发生的工程变更、合同约定调整因素出现时的合同价格调整以及发生的索赔、现场签证确认等的费用。

计日工是指在合同履行过程中，当承包人完成发包人提出的零星工作或需要采用计日工计价的变更工作时，按合同中约定的单价计价的一种方式。

2. 合同价格形式

（1）单价合同。

单价合同是指合同当事人约定以工程量清单及其综合单价进行合同价格计算、调整和确认的建设工程施工合同，在约定的范围内合同单价不作调整。合同当事人应在专用合同条款中约定综合单价包含的风险范围和风险费用的计算方法，并约定风险范围以外的合同价格的调整方法。

（2）总价合同。

总价合同是指合同当事人约定以施工图、已标价工程量清单或预算书及有关条件进行合同价格计算、调整和确认的建设工程施工合同，在约定的范围内合同总价不作调整。合同当事人应在专用合同条款中约定总价包含的风险范围和风险费用的计算方法，并约定风险范围以外的合同价格的调整方法。

3. 工程进度款支付

已完成合格工程量计量的数据，是工程进度款支付的依据。工程量计量按照合同约定的工程量计算规则、图纸及变更指示等进行计量。除专用合同条款另有约定外，工程量的计量按月进行。单价合同的计量或者按月计量支付的总价合同，承包人应于每月 25 日向监理人报送上月 20 日至当月 19 日已完成的工程量报告，并附具进度付款申请单、已完成工程量报表和有关资料。除专用合同条款另有约定外，进度付款申请单应包括下列内容：

（1）截至本次付款周期已完成工作对应的金额。

（2）应增加和扣减的变更金额。

（3）根据约定应支付的预付款和扣减的返还预付款。

（4）根据约定应扣减的质量保证金。

（5）应增加和扣减的索赔金额。

（6）对已签发的进度款支付证书中出现错误的修正，应在本次进度付款中支付或扣除的金额。

（7）根据合同约定应增加和扣减的其他金额。

除专用合同条款另有约定外，监理人应在收到承包人进度付款申请单以及相关资料后 7 天内完成审查并报送发包人，发包人应在收到后 7 天内完成审批并签发进度款支付证书。发包人逾期未完成审批且未提出异议的，视为已签发进度款支付证书。

除专用合同条款另有约定外，发包人应在进度款支付证书或临时进度款支付证书签发后 14 天内完成支付。发包人逾期支付进度款的，应按照中国人民银行发布的同期同类贷款基准利率支付违约金。

4.1.6 建设工程赔偿损失的规定

《民法典》规定，当事人一方不履行合同义务或者履行合同义务不符合约定的，应当承担继续履行、采取补救措施或者赔偿损失等违约责任。在履行义务或者采取补救措施后，对方还有其他损失的，应当赔偿损失。

1. 赔偿损失的范围和限制

当事人一方不履行合同义务或者履行合同义务不符合约定，造成对方损失的，损失赔偿额应当相当于因违约所造成的损失，包括合同履行后可以获得的利益；但是，不得超过违约一方订立合同时预见到或者应当预见到的因违约可能造成的损失。

当事人可以约定一方违约时应当根据违约情况向对方支付一定数额的违约金，也可以约定因违约产生的损失赔偿额的计算方法。约定的违约金低于造成的损失的，人民法院或者仲裁机构可以根据当事人的请求予以增加；约定的违约金过分高于造成的损失的，人民法院或者仲裁机构可以根据当事人的请求予以适当减少。

当事人一方违约后，对方应当采取适当措施防止损失的扩大；没有采取适当措施致使损失扩大的，不得就扩大的损失请求赔偿。当事人因防止损失扩大而支出的合理费用，由违约方负担。

2. 建设工程合同中的损失赔偿

（1）发包人应承担的损失赔偿。

1）隐蔽工程在隐蔽以前，承包人应当通知发包人检查。发包人没有及时检查的，承包人可以顺延工程日期，并有权请求赔偿停工、窝工等损失。

2）发包人未按照约定的时间和要求提供原材料、设备、场地、资金、技术资料的，承包人可以顺延工程日期，并有权请求赔偿停工、窝工等损失。

3）因发包人的原因致使工程中途停建、缓建的，发包人应当采取措施弥补或者减少损失，赔偿承包人因此造成的停工、窝工、倒运、机械设备调迁、材料和构件积压等损失和实际费用。

4）因发包人变更计划，提供的资料不准确，或者未按照期限提供必需的勘察、设计工作条件而造成勘察、设计的返工、停工或者修改设计，发包人应当按照勘察人、设计人实际消耗的工作量增付费用。

（2）承包人应承担的损失赔偿。

1）勘察、设计的质量不符合要求或者未按照期限提交勘察、设计文件拖延工期，造成发包人损失的，勘察人、设计人应当继续完善勘察、设计，减收或者免收勘察、设计费并赔偿损失。

2）因承包人的原因致使建设工程在合理使用期限内造成人身损害和财产损失的，承包人应当承担赔偿责任。

3. 建设工程合同的索赔

（1）承包人的索赔。

根据合同约定，承包人认为有权得到追加付款和（或）延长工期的，应按以下程序向发包人提出索赔：

1）承包人应在知道或应当知道索赔事件发生后 28 天内，向监理人递交索赔意向通知书，并说明发生索赔事件的事由；承包人未在前述 28 天内发出索赔意向通知书的，丧失要求追加付款和（或）延长工期的权利。

2）承包人应在发出索赔意向通知书后 28 天内，向监理人正式递交索赔报告；索赔报告应详细说明索赔理由以及要求追加的付款金额和（或）延长的工期，并附必要的记录和证明材料。

3）索赔事件具有持续影响的，承包人应按合理时间间隔继续递交延续索赔通知，说明持续影响的实际情况和记录，列出累计的追加付款金额和（或）工期延长天数。

4）在索赔事件影响结束后 28 天内，承包人应向监理人递交最终索赔报告，说明最终要求索赔的追加付款金额和（或）延长的工期，并附必要的记录和证明材料。

（2）发包人的索赔。

根据合同约定，发包人认为有权得到赔付金额和（或）延长缺陷责任期的，监理人应向承包人发出通知并附有详细的证明。

发包人应在知道或应当知道索赔事件发生后 28 天内通过监理人向承包人提出索赔意向通知书，发包人未在前述 28 天内发出索赔意向通知书的，丧失要求赔付金额和（或）延长缺陷责任期的权利。发包人应在发出索赔意向通知书后 28 天内，通过监理人向承包人正式递交索赔报告。

4.1.7 合同的效力

依法成立的合同，自成立时生效，但是法律另有规定或者当事人另有约定的除外。依照法律、行政法规的规定，合同应当办理批准等手续的，依照其规定。未办理批准等手续影响合同生效的，不影响合同中履行报批等义务条款以及相关条款的效力。应当办理申请批准等手续的当事人未履行义务的，对方可以请求其承担违反该义务的责任。

法人的法定代表人或者非法人组织的负责人超越权限订立的合同，除相对人知道或者应当知道其超越权限外，该代表行为有效，订立的合同对法人或者非法人组织发生效力。

合同中的下列免责条款无效：

（1）造成对方人身损害的。

（2）因故意或者重大过失造成对方财产损失的。

合同不生效、无效、被撤销或者终止的，不影响合同中有关解决争议方法的条款的效力。

4.1.8 合同的履行

《民法典》规定，当事人应当按照约定全面履行自己的义务。当事人应当遵循诚信原则，根据合同的性质、目的和交易习惯履行通知、协助、保密等义务。合同生效后，当事人就质量、价款或者报酬、履行地点等内容没有约定或者约定不明确的，可以协议补充；不能达成补充协议的，按照合同相关条款或者交易习惯确定。

1. 关于交付时间的规定

通过互联网等信息网络订立的电子合同的标的为交付商品并采用快递物流方式交付的，收货人的签收时间为交付时间。电子合同的标的为提供服务的，生成的电子凭证或者实物凭证中载明的时间为提供服务时间；前述凭证没有载明时间或者载明时间与实际提供服务时间不一致的，以实际提供服务的时间为准。

电子合同的标的物为采用在线传输方式交付的，合同标的物进入对方当事人指定的特定系统且能够检索识别的时间为交付时间。

履行期限不明确的，债务人可以随时履行，债权人也可以随时请求履行，但是应当给对方必要的准备时间。

2. 关于价款的规定

价款或者报酬不明确的，按照订立合同时履行地的市场价格履行；依法应当执行政府定价或者政府指导价的，依照规定履行。

执行政府定价或者政府指导价的，在合同约定的交付期限内政府价格调整时，按照交付时的价格计价。逾期交付标的物的，遇价格上涨时，按照原价格执行；价格下降时，按照新价格执行。逾期提取标的物或者逾期付款的，遇价格上涨时，按照新价格执行；价格下降时，按照原价格执行。

3. 关于履行顺序的规定

当事人互负债务，没有先后履行顺序的，应当同时履行。一方在对方履行之前有权拒绝其履行请求。一方在对方履行债务不符合约定时，有权拒绝其相应的履行请求。

当事人互负债务，有先后履行顺序，应当先履行债务一方未履行的，后履行一方有权拒绝其履行请求。先履行一方履行债务不符合约定的，后履行一方有权拒绝其相应的履行请求。

4. 关于中止履行的规定

应当先履行债务的当事人，有确切证据证明对方有下列情形之一的，可以中止履行：

（1）经营状况严重恶化。

（2）转移财产、抽逃资金，以逃避债务。

（3）丧失商业信誉。

（4）有丧失或者可能丧失履行债务能力的其他情形。

当事人没有确切证据中止履行的，应当承担违约责任。

4.1.9 合同的变更、转让和终止

1. 合同的变更和转让

《民法典》规定，当事人协商一致，可以变更合同。当事人对合同变更的内容约定不明确的，推定为未变更。

债权人可以将债权的全部或者部分转让给第三人，但是有下列情形之一的除外：

（1）根据债权性质不得转让。

（2）按照当事人约定不得转让。

（3）依照法律规定不得转让。

当事人约定非金钱债权不得转让的，不得对抗善意第三人。当事人约定金钱债权不得转让的，不得对抗第三人。债权人转让债权，未通知债务人的，该转让对债务人不发生效力。

当事人一方经对方同意，可以将自己在合同中的权利和义务一并转让给第三人。

2. 合同的权利义务终止

合同终止是指因发生法律规定或当事人约定的情况，使合同当事人之间的权利义务关系消灭，使合同的法律效力终止。

《民法典》规定，有下列情形之一的，债权债务终止：

（1）债务已经履行。

（2）债务相互抵销。

（3）债务人依法将标的物提存。

（4）债权人免除债务。

（5）债权债务同归于一人。

（6）法律规定或者当事人约定终止的其他情形。

合同解除的，该合同的权利义务关系终止。合同解除是指合同当事人一方或者双方依照法律规定或者当事人的约定，依法解除合同效力的行为。合同的解除分为约定解除和法定解除。

（1）约定解除。当事人协商一致，可以解除合同。当事人可以约定一方解除合同的事由。解除合同的事由发生时，解除权人可以解除合同。

（2）法定解除。有下列情形之一的，当事人可以解除合同：

1）因不可抗力致使不能实现合同目的。

2）在履行期限届满前，当事人一方明确表示或者以自己的行为表明不履行主要债务。

3）当事人一方迟延履行主要债务，经催告后在合理期限内仍未履行。

4）当事人一方迟延履行债务或者有其他违约行为致使不能实现合同目的。

5）法律规定的其他情形。

以持续履行的债务为内容的不定期合同，当事人可以随时解除合同，但是应当在合理期限之前通知对方。

导入案例解析

4.2 劳动合同及劳动者权益保护制度

学习目标

- 了解劳动合同的种类。
- 熟悉用工形式。
- 熟悉劳动争议的解决方式。
- 掌握劳动合同的履行、变更、解除和终止的规定。
- 掌握劳动安全卫生和保护的规定。
- 能运用劳动合同及劳动者权益保护制度分析建设工程案例。

4.2.1 劳动合同的订立

1. 订立劳动合同应当遵循的原则

《中华人民共和国劳动合同法》（2012 年修正，以下简称《劳动合同法》）规定，订立劳动合同，应当遵循合法、公平、平等自愿、协商一致、诚实信用的原则。

2. 劳动合同的种类

劳动合同分为固定期限劳动合同、无固定期限劳动合同和以完成一定工作任务为期限的劳动合同。

（1）固定期限劳动合同。

固定期限劳动合同，是指用人单位与劳动者约定合同终止时间的劳动合同。劳动合同期限届满，劳动关系即告终止。

（2）无固定期限劳动合同。

无固定期限劳动合同，是指用人单位与劳动者约定无确定终止时间的劳动合同。

用人单位与劳动者协商一致，可以订立无固定期限劳动合同。有下列情形之一，劳动者提出或者同意续订、订立劳动合同的，除劳动者提出订立固定期限劳动合同外，应当订立无固定期限劳动合同：

1）劳动者在该用人单位连续工作满十年的。

2）用人单位初次实行劳动合同制度或者国有企业改制重新订立劳动合同时，劳动者在该用人单位连续工作满十年且距法定退休年龄不足十年的。

3）连续订立二次固定期限劳动合同，且劳动者没有《劳动合同法》第 39 条和第 40 条第 1 项、第 2 项规定的情形，续订劳动合同的。

用人单位自用工之日起满一年不与劳动者订立书面劳动合同的，视为用人单位与劳动者已订立无固定期限劳动合同。

（3）以完成一定工作任务为期限的劳动合同。

以完成一定工作任务为期限的劳动合同，是指用人单位与劳动者约定以某项工作的完成为合同期限的劳动合同。

3. 劳动合同的基本条款

劳动合同应当具备以下条款：

（1）用人单位的名称、住所和法定代表人或者主要负责人。

（2）劳动者的姓名、住址和居民身份证或者其他有效身份证件号码。

（3）劳动合同期限。

（4）工作内容和工作地点。

（5）工作时间和休息休假。

（6）劳动报酬。

（7）社会保险。

（8）劳动保护、劳动条件和职业危害防护。

（9）法律、法规规定应当纳入劳动合同的其他事项。

劳动合同除上述规定的必备条款外，用人单位与劳动者可以约定试用期、培训、保守秘密、补充保险和福利待遇等其他事项。

4. 订立劳动合同应注意的事项

（1）建立劳动关系，应当订立书面劳动合同。已建立劳动关系，未同时订立书面劳动合同的，应当自用工之日起一个月内订立书面劳动合同。用人单位与劳动者在用工前订立劳动合同的，劳动关系自用工之日起建立。

（2）劳动合同期限三个月以上不满一年的，试用期不得超过一个月；劳动合同期限一年以上不满三年的，试用期不得超过二个月；三年以上固定期限和无固定期限的劳动合同，试用期不得超过六个月。同一用人单位与同一劳动者只能约定一次试用期。以完成一定工作任务为期限的劳动合同或者劳动合同期限不满三个月的，不得约定试用期。试用期包含在劳动合同期限内。劳动合同仅约定试用期的，试用期不成立，该期限为劳动合同期限。

（3）劳动者在试用期的工资不得低于本单位相同岗位最低档工资或者劳动合同约定工

资的 80%，并不得低于用人单位所在地的最低工资标准。

（4）下列劳动合同无效或者部分无效：1）以欺诈、胁迫的手段或者乘人之危，使对方在违背真实意思的情况下订立或者变更劳动合同的；2）用人单位免除自己的法定责任、排除劳动者权利的；3）违反法律、行政法规强制性规定的。

4.2.2 劳动合同的履行、变更、解除和终止

1. 劳动合同的履行

（1）用人单位与劳动者应当按照劳动合同的约定，全面履行各自的义务。

（2）用人单位应当按照劳动合同约定和国家规定，向劳动者及时足额支付劳动报酬。

用人单位拖欠或者未足额支付劳动报酬的，劳动者可以依法向当地人民法院申请支付令，人民法院应当依法发出支付令。

（3）用人单位应当严格执行劳动定额标准，不得强迫或者变相强迫劳动者加班。用人单位安排加班的，应当按照国家有关规定向劳动者支付加班费。

（4）劳动者拒绝用人单位管理人员违章指挥、强令冒险作业的，不视为违反劳动合同。

劳动者对危害生命安全和身体健康的劳动条件，有权对用人单位提出批评、检举和控告。

2. 劳动合同的变更

（1）用人单位变更名称、法定代表人、主要负责人或者投资人等事项，不影响劳动合同的履行。

（2）用人单位发生合并或者分立等情况，原劳动合同继续有效，劳动合同由承继其权利和义务的用人单位继续履行。

（3）用人单位与劳动者协商一致，可以变更劳动合同约定的内容。变更劳动合同，应当采用书面形式。变更后的劳动合同文本由用人单位和劳动者各执一份。

3. 劳动合同的解除

用人单位与劳动者协商一致，可以解除劳动合同。劳动者提前 30 日以书面形式通知用人单位，可以解除劳动合同。劳动者在试用期内提前 3 日通知用人单位，可以解除劳动合同。

（1）用人单位有下列情形之一的，劳动者可以解除劳动合同：

1）未按照劳动合同约定提供劳动保护或者劳动条件的。

2）未及时足额支付劳动报酬的。

3）未依法为劳动者缴纳社会保险费的。

4）用人单位的规章制度违反法律、法规的规定，损害劳动者权益的。

5）因《劳动合同法》第 26 条第 1 款第 1 项规定的情形（以欺诈、胁迫的手段或者乘人之危，使对方在违背真实意思的情况下订立或者变更劳动合同的）致使劳动合同无效的。

6）法律、行政法规规定劳动者可以解除劳动合同的其他情形。

（2）劳动者有下列情形之一的，用人单位可以解除劳动合同：

1）在试用期间被证明不符合录用条件的。

2）严重违反用人单位的规章制度的。

3）严重失职，营私舞弊，给用人单位造成重大损害的。

4）劳动者同时与其他用人单位建立劳动关系，对完成本单位的工作任务造成严重影响，或者经用人单位提出，拒不改正的。

5）因《劳动合同法》第 26 条第 1 款第 1 项规定的情形（以欺诈、胁迫的手段或者乘人之危，使对方在违背真实意思的情况下订立或者变更劳动合同的）致使劳动合同无效的。

6）被依法追究刑事责任的。

（3）有下列情形之一的，用人单位提前 30 日以书面形式通知劳动者本人或者额外支付劳动者一个月工资后，可以解除劳动合同：

1）劳动者患病或者非因工负伤，在规定的医疗期满后不能从事原工作，也不能从事由用人单位另行安排的工作的。

2）劳动者不能胜任工作，经过培训或者调整工作岗位，仍不能胜任工作的。

3）劳动合同订立时所依据的客观情况发生重大变化，致使劳动合同无法履行，经用人单位与劳动者协商，未能就变更劳动合同内容达成协议的。

4. 劳动合同的终止

有下列情形之一的，劳动合同终止：

（1）劳动合同期满的。

（2）劳动者开始依法享受基本养老保险待遇的。

（3）劳动者死亡，或者被人民法院宣告死亡或者宣告失踪的。

（4）用人单位被依法宣告破产的。

（5）用人单位被吊销营业执照、责令关闭、撤销或者用人单位决定提前解散的。

（6）法律、行政法规规定的其他情形。

4.2.3 用工形式

1. 劳务派遣

劳务派遣是指由劳务派遣单位与被派遣劳动者订立劳动合同，把劳动者派向其他用工单位，再由其用工单位向劳务派遣单位支付一笔服务费用的一种用工形式。《劳动合同法》规定，劳动合同用工是我国的企业基本用工形式。劳务派遣用工是补充形式，只能在临时性、辅助性或者替代性的工作岗位上实施。

（1）劳务派遣单位。

劳务派遣单位应当与被派遣劳动者订立二年以上的固定期限劳动合同，按月支付劳动报酬；被派遣劳动者在无工作期间，劳务派遣单位应当按照所在地人民政府规定的最低工资标准，向其按月支付报酬。

劳务派遣单位派遣劳动者应当与接受以劳务派遣形式用工的单位订立劳务派遣协议。劳务派遣协议应当约定派遣岗位和人员数量、派遣期限、劳动报酬和社会保险费的数额与支付方式以及违反协议的责任。

劳务派遣单位应当将劳务派遣协议的内容告知被派遣劳动者。劳务派遣单位不得克扣用工单位按照劳务派遣协议支付给被派遣劳动者的劳动报酬。劳务派遣单位和用工单位不得向被派遣劳动者收取费用。

（2）用工单位。

《劳动合同法》规定，用工单位应当履行下列义务：1）执行国家劳动标准，提供相应的劳动条件和劳动保护；2）告知被派遣劳动者的工作要求和劳动报酬；3）支付加班费、绩效奖金，提供与工作岗位相关的福利待遇；4）对在岗被派遣劳动者进行工作岗位所必需的培训；5）连续用工的，实行正常的工资调整机制。用工单位不得将被派遣劳动者再派遣到其他用人单位。

被派遣劳动者享有与用工单位的劳动者同工同酬的权利。用工单位应当按照同工同酬原则，对被派遣劳动者与本单位同类岗位的劳动者实行相同的劳动报酬分配办法。用工单位无同类岗位劳动者的，参照用工单位所在地相同或者相近岗位劳动者的劳动报酬确定。

2. 非全日制用工

非全日制用工，是指以小时计酬为主，劳动者在同一用人单位一般平均每日工作时间不超过四小时，每周工作时间累计不超过 24 小时的用工形式。

非全日制用工双方当事人可以订立口头协议。从事非全日制用工的劳动者可以与一个或者一个以上用人单位订立劳动合同；但是，后订立的劳动合同不得影响先订立的劳动合同的履行。

非全日制用工双方当事人不得约定试用期。非全日制用工双方当事人任何一方都可以随时通知对方终止用工。终止用工，用人单位不向劳动者支付经济补偿。

非全日制用工小时计酬标准不得低于用人单位所在地人民政府规定的最低小时工资标准。非全日制用工劳动报酬结算支付周期最长不得超过 15 日。

4.2.4 劳动安全卫生和保护

1. 劳动安全卫生

《劳动法》规定，用人单位必须建立、健全劳动安全卫生制度，严格执行国家劳动安全卫生规程和标准，对劳动者进行劳动安全卫生教育，防止劳动过程中的事故，减少职业危害。

劳动安全卫生设施必须符合国家规定的标准。新建、改建、扩建工程的劳动安全卫生设施必须与主体工程同时设计、同时施工、同时投入生产和使用。用人单位必须为劳动者提供符合国家规定的劳动安全卫生条件和必要的劳动防护用品，对从事有职业危害作业的劳动者应当定期进行健康检查。

从事特种作业的劳动者必须经过专门培训并取得特种作业资格。劳动者在劳动过程中必须严格遵守安全操作规程。劳动者对用人单位管理人员违章指挥、强令冒险作业，有权拒绝执行；对危害生命安全和身体健康的行为，有权提出批评、检举和控告。

2. 女职工和未成年工特殊保护

《劳动法》规定，国家对女职工和未成年工实行特殊劳动保护。

（1）女职工的特殊保护。

《劳动法》规定，禁止安排女职工从事矿山井下、国家规定的第四级体力劳动强度的劳动和其他禁忌从事的劳动。不得安排女职工在经期从事高处、低温、冷水作业和国家规定的第三级体力劳动强度的劳动。不得安排女职工在怀孕期间从事国家规定的第三级体力劳动强度的劳动和孕期禁忌从事的劳动。对怀孕七个月以上的女职工，不得安排其延长工作时间和夜班劳动。不得安排女职工在哺乳未满一周岁的婴儿期间从事国家规定的第三级体力劳动强度的劳动和哺乳期禁忌从事的其他劳动，不得安排其延长工作时间和夜班劳动。

根据 2012 年 4 月 28 日中华人民共和国国务院令第 619 号公布的《女职工劳动保护特别规定》，用人单位不得因女职工怀孕、生育、哺乳降低其工资、予以辞退、与其解除劳动或者聘用合同。女职工在孕期不能适应原劳动的，用人单位应当根据医疗机构的证明，予以减轻劳动量或者安排其他能够适应的劳动。怀孕女职工在劳动时间内进行产前检查，所需时间计入劳动时间。女职工生育享受 98 天产假，其中产前可以休假 15 天；难产的，增加产假 15 天；生育多胞胎的，每多生育 1 个婴儿，增加产假 15 天。女职工怀孕未满 4 个月流产的，享受 15 天产假；怀孕满 4 个月流产的，享受 42 天产假。

（2）未成年工的特殊保护。

未成年工是指年满 16 周岁未满 18 周岁的劳动者。《劳动法》规定，不得安排未成年工从事矿山井下、有毒有害、国家规定的第四级体力劳动强度的劳动和其他禁忌从事的劳动。用人单位应当对未成年工定期进行健康检查。

4.2.5 劳动争议的解决

劳动争议，是指劳动关系的当事人之间因执行劳动法律、法规和履行劳动合同而发生的纠纷，即劳动者与所在单位之间因劳动关系中的权利义务而发生的纠纷。

1. 劳动争议的范围

根据 2007 年第十届全国人大常委会第三十一次会议通过的《中华人民共和国劳动争议调解仲裁法》的规定，劳动争议的范围主要有：（1）因确认劳动关系发生的争议；（2）因订立、履行、变更、解除和终止劳动合同发生的争议；（3）因除名、辞退和辞职、离职发生的争议；（4）因工作时间、休息休假、社会保险、福利、培训以及劳动保护发生的争议；（5）因劳动报酬、工伤医疗费、经济补偿或者赔偿金等发生的争议；（6）法律、法规规定的其他劳动争议。根据 2020 年 12 月最高人民法院发布的《最高人民法院关于审理劳动争议案件适用法律问题的解释（一）》的规定，劳动争议的范围还包括：（1）劳动者与用人单位在履行劳动合同过程中发生的纠纷；（2）劳动者与用人单位之间没有订立书面劳动合同，但已形成劳动关系后发生的纠纷；（3）劳动者与用人单位因劳动关系是否已经解除或者终止，以及应否支付解除或者终止劳动关系经济补偿金发生的纠纷；（4）劳动者与用人单位解除或者终止劳动关系后，请求用人单位返还其收取的劳动合同定金、保证金、抵押金、抵押物发生的纠纷，或者办理劳动者的人事档案、社会保险关系等移转手续发生的纠纷；（5）劳动者以用人单位未为其办理社会保险手续，且社会保险经办机构不能补办导致其无法享受社会保险待遇为由，要求用人单位赔偿损失发生的纠纷；（6）劳动者退休后，与尚未参加社会保险统筹的原用人单位因追索养老金、医疗费、工伤保险待遇和其他社会保险待遇而发生的纠纷；（7）劳动者因为工伤、职业病，请求用人单位依法给予工伤保险待遇发生的纠纷；（8）劳动者依据《劳动合同法》第 85 条规定，要求用人单位支付加付赔偿金发生的纠纷；（9）因企业自主进行改制发生的纠纷。

下列纠纷不属于劳动争议：（1）劳动者请求社会保险经办机构发放社会保险金的纠纷；（2）劳动者与用人单位因住房制度改革产生的公有住房转让纠纷；（3）劳动者对劳动能力鉴定委员会的伤残等级鉴定结论或者对职业病诊断鉴定委员会的职业病诊断鉴定结论的异议纠纷；（4）家庭或者个人与家政服务人员之间的纠纷；（5）个体工匠与帮工、学徒之间的纠纷；（6）农村承包经营户与受雇人之间的纠纷。

2. 劳动争议的解决方式

《劳动法》规定，用人单位与劳动者发生劳动争议，当事人可以依法申请调解、仲裁、提起诉讼，也可以协商解决。调解原则适用于仲裁和诉讼程序。劳动争议发生后，当事人可以向本单位劳动争议调解委员会申请调解；调解不成，当事人一方要求仲裁的，可以向劳动争议仲裁委员会申请仲裁。当事人一方也可以直接向劳动争议仲裁委员会申请仲裁。对仲裁裁决不服的，可以向人民法院提起诉讼。

（1）调解。

在用人单位内，可以设立劳动争议调解委员会。劳动争议调解委员会由职工代表、用人单位代表和工会代表组成。劳动争议调解委员会主任由工会代表担任。劳动争议经调解达成协议的，当事人应当履行。

（2）仲裁。

劳动争议仲裁委员会由劳动行政部门代表、同级工会代表、用人单位方面的代表组成。劳动争议仲裁委员会主任由劳动行政部门代表担任。提出仲裁要求的一方应当自劳动争议发生之日起 60 日内向劳动争议仲裁委员会提出书面申请。仲裁裁决一般应在收到仲裁申请的 60 日内作出。对仲裁裁决无异议的，当事人必须履行。

（3）诉讼。

劳动争议当事人对仲裁裁决不服的，可以自收到仲裁裁决书之日起 15 日内向人民法院提起诉讼。一方当事人在法定期限内不起诉又不履行仲裁裁决的，另一方当事人可以申请人民法院强制执行。

2017 年 11 月发布的《人力资源社会保障部、最高人民法院关于加强劳动人事争议仲裁与诉讼衔接机制建设的意见》规定，对未经仲裁程序直接起诉到人民法院的劳动人事争议案件，人民法院应裁定不予受理；对已受理的，应驳回起诉，并告知当事人向有管辖权的仲裁委员会申请仲裁。当事人因仲裁委员会逾期未作出仲裁裁决而向人民法院提起诉讼且人民法院立案受理的，人民法院应及时将该案的受理情况告知仲裁委员会，仲裁委员会应及时决定该案件终止审理。

4.3 相关合同制度

学习目标

- 熟悉买卖合同、租赁合同、融资租赁合同、承揽合同的法律特征。
- 掌握买卖合同、租赁合同、融资租赁合同、承揽合同当事人的权利和义务。
- 能运用买卖合同、租赁合同、融资租赁合同、承揽合同等相关合同制度分析建设工程案例。

4.3.1 买卖合同的法律规定

《民法典》规定，买卖合同是出卖人转移标的物的所有权于买受人，买受人支付价款的合同。在买卖合同中，取得标的物所有权的一方称为买受人，转移标的物并取得价款的一方称为出卖人。

1. 买卖合同的法律特征

（1）买卖合同是一种转移财产所有权的合同。

买受人不但要取得合同涉及的财产，更以依法获得其所有权作为根本目的。

（2）买卖合同是有偿合同。

买卖合同的实质是以等价有偿方式转让标的物的所有权，即出卖人转移标的物的所有权于买受人，买受人向出卖人支付价款。这是买卖合同的基本特征。

（3）买卖合同是双务合同。

买方和卖方的权利与义务是对应的，任何一方所享有的权利意味着对方要承担相应的义务。

（4）买卖合同是诺成合同。

诺成合同自当事人双方意思表示一致时即可成立，不以一方交付标的物为合同的成立要件。

2. 买卖合同当事人的权利义务

（1）出卖人的主要义务。

1）出卖人应当履行向买受人交付标的物或者交付提取标的物的单证，并转移标的物所有权的义务。

2）出卖人应当按照约定或者交易习惯向买受人交付提取标的物单证以外的有关单证

和资料。

3）出卖人应当按照约定的时间交付标的物。约定交付期限的，出卖人可以在该交付期限内的任何时间交付。

4）出卖人应当按照约定的地点交付标的物。

5）出卖人应当按照约定的质量要求交付标的物。出卖人提供有关标的物质量说明的，交付的标的物应当符合该说明的质量要求。

6）出卖人应当按照约定的包装方式交付标的物。

（2）买受人的主要义务。

1）买受人应当按照约定的数额和支付方式支付价款。

2）买受人应当按照约定的地点支付价款。

3）买受人应当按照约定的时间支付价款。

4）出卖人多交标的物的，买受人可以接收或者拒绝接收多交的部分。买受人接收多交部分的，按照约定的价格支付价款；买受人拒绝接收多交部分的，应当及时通知出卖人。

5）买受人收到标的物时应当在约定的检验期限内检验。没有约定检验期限的，应当及时检验。

6）当事人约定检验期限的，买受人应当在检验期限内将标的物的数量或者质量不符合约定的情形通知出卖人。买受人怠于通知的，视为标的物的数量或者质量符合约定。当事人没有约定检验期限的，买受人应当在发现或者应当发现标的物的数量或者质量不符合约定的合理期限内通知出卖人。

合同生效后，当事人就质量、价款或者报酬、履行地点等内容没有约定或者约定不明确的，可以协议补充；不能达成补充协议的，按照合同相关条款或者交易习惯确定。

4.3.2 租赁合同的法律规定

《民法典》规定，租赁合同是出租人将租赁物交付承租人使用、收益，承租人支付租金的合同。

1. 租赁合同的法律特征

（1）租赁合同是转移租赁物使用收益权的合同。

（2）租赁合同是诺成合同。

（3）租赁合同是双务合同。

（4）租赁合同是有偿合同。

（5）租赁合同不转让租赁物的所有权，这是租赁合同区别于买卖合同的根本特征。

2. 租赁合同当事人的权利义务

（1）出租人的义务。

1）出租人应当按照约定将租赁物交付承租人，并在租赁期限内保持租赁物符合约定的用途。

2）出租人应当履行租赁物的维修义务，但是当事人另有约定的除外。承租人在租赁物需要维修时可以请求出租人在合理期限内维修。出租人未履行维修义务的，承租人可以自行维修，维修费用由出租人负担。因维修租赁物影响承租人使用的，应当相应减少租金或者延长租期。

3）出租人出卖租赁房屋的，应当在出卖之前的合理期限内通知承租人，承租人享有以同等条件优先购买的权利；但是，房屋按份共有人行使优先购买权或者出租人将房屋出卖给近亲属的除外。

（2）承租人的义务。

1）承租人应当按照约定的方法使用租赁物。承租人按照约定的方法或者根据租赁物的性质使用租赁物，致使租赁物受到损耗的，不承担赔偿责任。承租人未按照约定的方法或者未根据租赁物的性质使用租赁物，致使租赁物受到损失的，出租人可以解除合同并请求赔偿损失。

2）承租人应当妥善保管租赁物，因保管不善造成租赁物毁损、灭失的，应当承担赔偿责任。

3）承租人应当按照约定的期限支付租金。承租人无正当理由未支付或者迟延支付租金的，出租人可以请求承租人在合理期限内支付；承租人逾期不支付的，出租人可以解除合同。

4）租赁期限届满，承租人应当返还租赁物。返还的租赁物应当符合按照约定或者根据租赁物的性质使用后的状态。租赁期限届满，承租人继续使用租赁物，出租人没有提出异议的，原租赁合同继续有效，但是租赁期限为不定期。租赁期限届满，房屋承租人享有以同等条件优先承租的权利。

4.3.3 融资租赁合同的法律规定

《民法典》规定，融资租赁合同是出租人根据承租人对出卖人、租赁物的选择，向出卖人购买租赁物，提供给承租人使用，承租人支付租金的合同。

融资租赁合同涉及出租人、出卖人和承租人三方主体。三者之间的关系如图 4-1 所示，出租人向出卖人支付价款，购买承租人所需的租赁物；出卖人向承租人交付租赁物及承担瑕疵担保义务，而承租人仅向出租人支付租金而无须向出卖人承担义务。

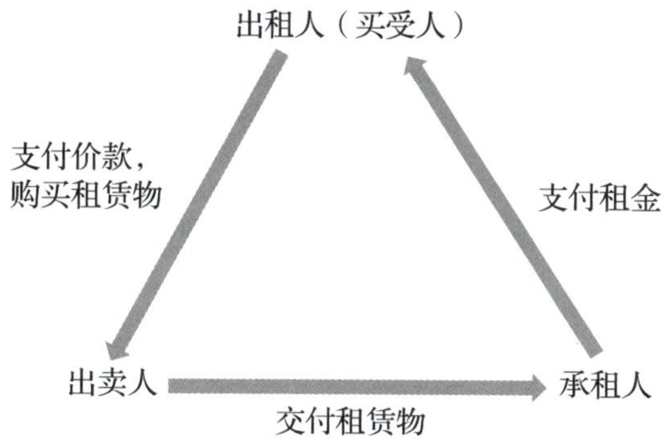

图 4-1　出租人、出卖人和承租人三者之间的关系

1. 融资租赁合同的法律特征

（1）出租人身份的二重性。

出租人是租赁行为的出租方。在承租人选择承租物和出卖人后，出租人与出卖人之间构成了法律上的买卖关系，因而出租人又是买受人。

（2）出卖人权利与义务相对人的差异性。

1）融资租赁合同不同于买卖合同。在买卖合同中，出卖人的权利和义务总是指向同一方主体。但在融资租赁合同中，出卖人是向承租人履行交付标的物和承担瑕疵担保义务，而不是向买受人（出租人）履行义务。

2）融资租赁合同也不同于租赁合同。融资租赁合同的出租人不负担租赁物的维修与瑕疵担保义务。

（3）融资租赁合同是要式合同。

融资租赁合同应当采用书面形式。

2. 融资租赁合同当事人的权利义务

（1）出租人的义务。

出租人的主要义务是向出卖人支付价金、保证承租人对租赁物的占有和使用、协助承租人索赔和尊重承租人选择权。

出租人有下列情形之一的，承租人有权请求其赔偿损失：

1）无正当理由收回租赁物。

2）无正当理由妨碍、干扰承租人对租赁物的占有和使用。

3）因出租人的原因致使第三人对租赁物主张权利。

4）不当影响承租人对租赁物占有和使用的其他情形。

（2）出卖人的义务。

出卖人的主要义务是向承租人履行交付标的物和瑕疵担保义务。出租人根据承租人对出卖人、租赁物的选择订立的买卖合同，出卖人应当按照约定向承租人交付标的物，承租人享有与受领标的物有关的买受人的权利。

（3）承租人的义务。

承租人的主要义务是按照约定支付租金、妥善保管和使用租赁物、租赁期限届满返还租赁物。

承租人应当按照约定支付租金。承租人经催告后在合理期限内仍不支付租金的，出租人可以请求支付全部租金；也可以解除合同，收回租赁物。

承租人应当妥善保管、使用租赁物。承租人应当履行占有租赁物期间的维修义务。承租人占有租赁物期间，租赁物造成第三人人身损害或者财产损失的，出租人不承担责任。

4.3.4 承揽合同的法律规定

《民法典》规定，承揽合同是承揽人按照定作人的要求完成工作，交付工作成果，定作人支付报酬的合同。承揽包括加工、定作、修理、复制、测试、检验等工作。

在承揽合同中，提出工作要求，按约定接受工作成果并给付酬金的一方称为定作人；完成工作并交付工作成果，按约定获取报酬的一方称为承揽人。

1. 承揽合同的法律特征

（1）承揽合同以完成一定的工作并交付工作成果为标的。

（2）除当事人另有约定的外，承揽人应当以自己的设备、技术和劳力，完成主要工作。

（3）承揽人工作具有独立性。

2. 承揽合同当事人的权利义务

（1）承揽人的义务。

1）承揽人对定作人提供的材料应当及时检验，发现不符合约定时，应当及时通知定作人更换、补齐或者采取其他补救措施。

2）承揽人发现定作人提供的图纸或者技术要求不合理的，应当及时通知定作人。

3）承揽人在工作期间，应当接受定作人必要的监督检验。

4）承揽人完成工作的，应当向定作人交付工作成果，并提交必要的技术资料和有关质量证明。

（2）定作人的义务。

1）定作人提供材料的，应当按照约定提供材料。承揽工作需要定作人协助的，定作人有协助的义务。

2）定作人中途变更承揽工作的要求，造成承揽人损失的，应当赔偿损失。

3）定作人应当按照约定的期限支付报酬。对支付报酬的期限没有约定或者约定不明确，可以协议补充；不能达成补充协议的，按照合同相关条款或者交易习惯确定。依据上述规定仍不能确定的，定作人应当在承揽人交付工作成果时支付；工作成果部分交付的，定作人应当相应支付。

4）定作人应当验收承揽人交付的工作成果。

技能检测

一、单选题

1. 根据我国《民法典》的规定，希望他人向自己发出要约的意思表示是（　　）。

A. 要约邀请　　B. 反要约　　C. 新要约　　D. 承诺

2. 下列选项中属于要约的是（　　）。

A. 拍卖公告　　B. 投标书　　C. 招标公告　　D. 商品价目表

3. 根据《民法典》的规定，要约可以撤回。但是，撤回要约的通知应当（　　）到达受要约人。

A. 在合同成立前

B. 在受要约人发出承诺通知之前

C. 在承诺通知到达要约人之前

D. 在要约到达受要约人之前或与要约同时

4. 下列关于承诺的表述中，正确的有（　　）。

A. 受要约人发出承诺，表示价格再降一成即可成交

B. 承诺的对象可以不是要约人

C. 承诺一经送达要约人即发生法律效力

D. 撤销承诺的通知应当在双方签订书面合同前到达要约人

5. 下列关于合同形式的说法，正确的是（　　）。

A. 合同必须采用书面形式

B. 口头形式属于合同的其他形式

C. 未依法采取书面形式订立的合同无效

D. 合同可以采用数据电文形式

6. 不列纠纷中，属于劳动争议的是（　　）。

A. 劳动者请求社会保险经办机构发放社会保险金的纠纷

B. 劳动者因为工伤，请求用人单位给予工伤保险待遇发生的纠纷

C. 劳动者对劳动能力鉴定委员会的伤残等级鉴定结论存在异议的纠纷

D. 家庭与家政服务人员之间的纠纷

7. 甲与某施工企业于 2024 年 6 月 1 日签订了 3 年的劳务合同，其中约定试用期 3 个月，次日合同开始履行，2024 年 10 月 12 日，甲拟解除劳动合同，则（　　）。

A. 必须取得用人单位同意

B. 口头通知用人单位即可

C. 应当提前 30 日以书面形式通知用人单位

D. 应当报请劳动行政主管部门同意后以书面形式通知用人单位

8. 下列关于承揽合同当事人权利义务的说法，正确的是（　　）。

A. 定作人不得中途变更承揽工作的要求

B. 定作人提供的材料不符合约定的，承揽人可以自行更换材料

C. 承揽人向定作人交付工作成果的，定作人应当验收该工作成果

D. 定作人可以随时解除承揽合同，造成承揽人损失的，应当赔偿损失

9. 合同债权人免除对方的债务，可以导致合同（　　）。

A. 权利义务终止　　B. 解除　　C. 被追认　　D. 未成立

10. 某施工企业的下列工作人员中，有权要求公司签订无固定期限劳动合同的是（　　）。

A. 张某在该企业连续工作满八年

B. 李某与该企业已经连续订立两次固定期限劳动合同，但因工负伤不能从事原工作

C. 王某到该企业工作两年，并被董事会任命为总经理

D. 赵某在该企业累计工作了 12 年，但中间曾离开过企业

二、多选题

1. 根据《劳动合同法》的规定，劳动合同无效或部分无效的情形有（　　）。

A. 劳动者死亡，或者被人民法院宣告死亡或者失踪的

B. 用人单位被吊销营业执照、责令关闭、撤销的

C. 以欺诈、胁迫的手段，使对方在违背真实意思的情况下订立劳动合同的

D. 劳动者被依法追究刑事责任的

E. 用人单位免除自己的法定责任、排除劳动者权利的

2. 下列关于劳动合同订立的说法，正确的有（　　）。

A. 试用期包含在劳动合同期限内

B. 固定期限劳动合同不能超过 10 年

C. 商业保险是劳动合同的必备条款

D. 劳动关系自劳动合同订立之日起建立

E. 建立全日制劳动关系，应当订立书面劳动合同

3. 根据《劳动合同法》的规定，劳动者有下列情形之一，用人单位可以解除劳动合同的是（　　）。

A. 劳动者不能胜任工作

B. 劳动者在试用期内不符合录用条件

C. 劳动者严重违反用人单位的规章制度

D. 劳动者被依法追究刑事责任

E. 劳动者患病

4. 关于非全日制用工的说法，正确的是（　　）。

A. 非全日制用工双方当事人可以订立口头协议

B. 非全日制用工以日计酬为主

C. 非全日制用工双方当事人不得约定试用期

D. 非全日制用工双方当事人任何一方都可以随时通知对方终止用工

E. 终止用工，用人单位必须向劳动者支付经济补偿

5. 关于劳务派遣的说法，正确的有（　　）。

A. 劳务派遣单位应当与被派遣劳动者订立二年以上的固定期限劳动合同

B. 劳务派遣用工劳动只能在临时性、辅助性或者替代性的工作岗位上实施

C. 用工单位可以将被派遣劳动者再派遣到其他用人单位

D. 被派遣劳动者享有与用工单位的劳动者同工同酬的权利

E. 除岗前培训费以外，劳务派遣单位不得再向被派遣劳动者收取费用

三、案例分析题

某房地产开发企业与某建筑施工企业签订了《建筑工程施工合同》，对工程内容、工程价款、支付时间、工程质量、工期、违约责任等作了具体约定。在施工过程中，房地产开发企业对施工图纸先后作了 6 次修改，但未能按期交付图纸，致使工期拖延。竣工验收时，房地产开发企业对竣工时间提出了异议。经双方协商无果，房地产开发企业以建筑施工企业工期延误为由向法院提起了诉讼，要求建筑施工企业承担相应的违约责任。

问题：

建筑施工企业是否应当对工期的延误承担违约责任？

单元5　建设工程安全生产法律制度

单元导读

党的二十大报告提出：“坚持安全第一、预防为主，建立大安全大应急框架，完善公共安全体系，推动公共安全治理模式向事前预防转型。”本单元主要讲解建设工程安全生产法律制度，包括施工安全生产许可制度、施工安全生产责任和安全生产教育培训制度、施工现场安全防护制度、施工安全事故的应急救援与调查处理、建设单位和相关单位的建设工程安全责任制度等五部分内容。《中华人民共和国安全生产法》(2021年修正，以下简称《安全生产法》) 规定，安全生产工作应当以人为本，坚持人民至上、生命至上，把保护人民生命安全摆在首位，树牢安全发展理念，坚持安全第一、预防为主、综合治理的方针，从源头上防范化解重大安全风险。建筑施工安全是建筑行业的基石，是施工企业各项工作的前提。搞好安全生产工作，保证人民群众的生命和财产安全，是国民经济可持续发展的前提和保障，是社会稳定的基础。本单元所涉及的法律制度在建设活动中应用广泛，是建造师执业资格考试中较为重要的内容。

单元重点

1. 施工项目负责人的安全生产责任。
2. 施工单位安全生产管理机构和专职安全生产管理人员的职责。
3. 专职安全生产管理人员的配备要求。
4. 施工单位安全生产教育培训的规定。
5. 施工现场安全防范措施的规定。
6. 施工现场消防安全职责和应采取的消防安全措施。
7. 施工生产安全事故报告及采取相应措施的规定。

8. 建设单位的安全责任。

导入案例

素养提升

学习安全生产法律制度，贯彻以人民为中心的发展思想和生命至上的理念，树立安全责任意识，正确处理安全与生产的关系。

5.1 施工安全生产许可制度

学习目标

- 了解申请领取安全生产许可证的条件。
- 熟悉安全生产许可证政府监管的规定。
- 掌握安全生产许可证的有效期。
- 能运用施工安全生产许可制度分析建设工程案例。

2014 年 7 月，国务院修订后发布的《安全生产许可证条例》规定，国家对矿山企业、建筑施工企业和危险化学品、烟花爆竹、民用爆炸物品生产企业实行安全生产许可制度。企业未取得安全生产许可证的，不得从事生产活动。

2015 年 1 月，住房和城乡建设部修改后公布的《建筑施工企业安全生产许可证管理规定》也规定，国家对建筑施工企业实行安全生产许可制度。建筑施工企业未取得安全生产许可证的，不得从事建筑施工活动。该规定所称建筑施工企业，是指从事土木工程、建筑工程、线路管道和设备安装工程及装修工程的新建、扩建、改建和拆除等有关活动的企业。

5.1.1 申请领取安全生产许可证的条件

《建筑施工企业安全生产许可证管理规定》规定，建筑施工企业取得安全生产许可证，应当具备下列安全生产条件：

（1）建立、健全安全生产责任制，制定完备的安全生产规章制度和操作规程。

（2）保证本单位安全生产条件所需资金的投入。

（3）设置安全生产管理机构，按照国家有关规定配备专职安全生产管理人员。

（4）主要负责人、项目负责人、专职安全生产管理人员经住房和城乡建设主管部门或者其他有关部门考核合格。

（5）特种作业人员经有关业务主管部门考核合格，取得特种作业操作资格证书。

（6）管理人员和作业人员每年至少进行一次安全生产教育培训并考核合格。

（7）依法参加工伤保险，依法为施工现场从事危险作业的人员办理意外伤害保险，为从业人员交纳保险费。

（8）施工现场的办公、生活区及作业场所和安全防护用具、机械设备、施工机具及配件符合有关安全生产法律、法规、标准和规程的要求。

（9）有职业危害防治措施，并为作业人员配备符合国家标准或者行业标准的安全防护用具和安全防护服装。

（10）有对危险性较大的分部分项工程及施工现场易发生重大事故的部位、环节的预防、监控措施和应急预案。

（11）有生产安全事故应急救援预案、应急救援组织或者应急救援人员，配备必要的应急救援器材、设备。

（12）法律、法规规定的其他条件。

5.1.2 安全生产许可证的有效期和政府监管的规定

1. 安全生产许可证的申请

《安全生产许可证条例》规定，省、自治区、直辖市人民政府建设主管部门负责建筑施工企业安全生产许可证的颁发和管理，并接受国务院建设主管部门的指导和监督。

《建筑施工企业安全生产许可证管理规定》也规定，建筑施工企业从事建筑施工活动前，应当依照本规定向企业注册所在地省、自治区、直辖市人民政府住房和城乡建设主管部门申请领取安全生产许可证。建筑施工企业申请安全生产许可证时，应当向住房和城乡建设主管部门提供下列材料：

（1）建筑施工企业安全生产许可证申请表。

（2）企业法人营业执照。

（3）与申请安全生产许可证应当具备的安全生产条件相关的文件、材料。

建筑施工企业申请安全生产许可证，应当对申请材料实质内容的真实性负责，不得隐瞒有关情况或者提供虚假材料。

2. 安全生产许可证的有效期

安全生产许可证的有效期为 3 年。安全生产许可证有效期满需要延期的，企业应当于期满前 3 个月向原安全生产许可证颁发管理机关申请办理延期手续。企业在安全生产许可证有效期内，严格遵守有关安全生产的法律法规，未发生死亡事故的，安全生产许可证有效期届满时，经原安全生产许可证颁发管理机关同意，不再审查，安全生产许可证有效期延期 3 年。

3. 政府监管

《建筑施工企业安全生产许可证管理规定》规定，县级以上人民政府住房和城乡建设主管部门应当加强对建筑施工企业安全生产许可证的监督管理。住房和城乡建设主管部门在审核发放施工许可证时，应当对已经确定的建筑施工企业是否有安全生产许可证进行审查，对没有取得安全生产许可证的，不得颁发施工许可证。建筑施工企业取得安全生产许可证后，不得降低安全生产条件，并应当加强日常安全生产管理，接受住房和城乡建设主管部门的监督检查。安全生产许可证颁发管理机关发现企业不再具备安全生产条件的，应当暂扣或者吊销安全生产许可证。

安全生产许可证颁发管理机关或者其上级行政机关发现有下列情形之一的，可以撤销已经颁发的安全生产许可证：

（1）安全生产许可证颁发管理机关工作人员滥用职权、玩忽职守颁发安全生产许可证的。

（2）超越法定职权颁发安全生产许可证的。

（3）违反法定程序颁发安全生产许可证的。

（4）对不具备安全生产条件的建筑施工企业颁发安全生产许可证的。

（5）依法可以撤销已经颁发的安全生产许可证的其他情形。

5.2 施工安全生产责任和安全生产教育培训制度

学习目标

- 熟悉施工单位主要负责人的安全生产责任。
- 熟悉施工总承包和分包单位的安全生产责任。
- 熟悉施工作业人员安全生产的权利和义务。
- 掌握施工项目负责人的安全生产责任。
- 掌握施工单位安全生产管理机构和专职安全生产管理人员的职责。
- 掌握专职安全生产管理人员的配备要求。
- 掌握施工单位安全生产教育培训的规定。
- 能运用施工安全生产责任和安全生产教育培训制度分析建设工程案例。

《建筑法》规定，建筑工程安全生产管理必须坚持安全第一、预防为主的方针，建立健全安全生产的责任制度和群防群治制度。建筑施工企业应当建立健全劳动安全生产教育培训制度，加强对职工安全生产的教育培训；未经安全生产教育培训的人员，不得上岗作业。

5.2.1 施工单位的安全生产责任

《安全生产法》规定，生产经营单位的全员安全生产责任制应当明确各岗位的责任人员、责任范围和考核标准等内容。生产经营单位应当建立相应的机制，加强对全员安全生产责任制落实情况的监督考核，保证全员安全生产责任制的落实。《建筑法》也规定，建筑施工企业必须依法加强对建筑安全生产的管理，执行安全生产责任制度，采取有效措施，防止伤亡和其他安全生产事故的发生。

1. 施工单位主要负责人对安全生产工作全面负责

《建筑法》规定，建筑施工企业的法定代表人对本企业的安全生产负责。《建设工程安全生产管理条例》也规定，施工单位主要负责人依法对本单位的安全生产工作全面负责。

《安全生产法》规定，生产经营单位的主要负责人对本单位安全生产工作负有下列职责：

（1）建立健全并落实本单位全员安全生产责任制，加强安全生产标准化建设。

（2）组织制定并实施本单位安全生产规章制度和操作规程。

（3）组织制定并实施本单位安全生产教育和培训计划。

（4）保证本单位安全生产投入的有效实施。

（5）组织建立并落实安全风险分级管控和隐患排查治理双重预防工作机制，督促、检查本单位的安全生产工作，及时消除生产安全事故隐患。

（6）组织制定并实施本单位的生产安全事故应急救援预案。

（7）及时、如实报告生产安全事故。

2. 施工项目负责人的安全生产责任

《建设工程安全生产管理条例》规定，施工单位的项目负责人应当由取得相应执业资格的人员担任，对建设工程项目的安全施工负责，落实安全生产责任制度、安全生产规章制度和操作规程，确保安全生产费用的有效使用，并根据工程的特点组织制定安全施工措施，消除安全事故隐患，及时、如实报告生产安全事故。

2014 年 6 月，住房和城乡建设部发布的《建筑施工企业主要负责人、项目负责人和专职安全生产管理人员安全生产管理规定》中规定，项目负责人对本项目安全生产管理全面负责，应当建立项目安全生产管理体系，明确项目管理人员安全职责，落实安全生产管理制度，确保项目安全生产费用有效使用。项目负责人应当按规定实施项目安全生产管理，监控危险性较大分部分项工程，及时排查处理施工现场安全事故隐患，隐患排查处理情况应当记入项目安全管理档案；发生事故时，应当按规定及时报告并开展现场救援。工程项目实行总承包的，总承包企业项目负责人应当定期考核分包企业安全生产管理情况。

2011 年 7 月，住房和城乡建设部发布的《建筑施工企业负责人及项目负责人施工现场带班暂行办法》规定，项目负责人是工程项目质量安全管理的第一责任人，应对工程项目落实带班制度负责。项目负责人在同一时期只能承担一个工程项目的管理工作。项目负责人带班生产时，要全面掌握工程项目质量安全生产状况，加强对重点部位、关键环节的控制，及时消除隐患。要认真做好带班生产记录并签字存档备查。项目负责人每月带班生产时间不得少于本月施工时间的 80%。因其他事务需离开施工现场时，应向工程项目的建设单位请假，经批准后方可离开。离开期间应委托项目相关负责人负责其外出时的日常工作。

3. 施工单位安全生产管理机构和专职安全生产管理人员的职责

《建设工程安全生产管理条例》规定，施工单位应当设立安全生产管理机构，配备专职安全生产管理人员。专职安全生产管理人员负责对安全生产进行现场监督检查。发现安全事故隐患，应当及时向项目负责人和安全生产管理机构报告；对违章指挥、违章操作的，应当立即制止。

《建筑施工企业安全生产管理机构设置及专职安全生产管理人员配备办法》（建质〔2008〕91 号）规定，建筑施工企业安全生产管理机构具有以下职责：

（1）宣传和贯彻国家有关安全生产法律法规和标准。

（2）编制并适时更新安全生产管理制度并监督实施。

（3）组织或参与企业生产安全事故应急救援预案的编制及演练。

（4）组织开展安全教育培训与交流。

（5）协调配备项目专职安全生产管理人员。

（6）制订企业安全生产检查计划并组织实施。

（7）监督在建项目安全生产费用的使用。

（8）参与危险性较大工程安全专项施工方案专家论证会。

（9）通报在建项目违规违章查处情况。

（10）组织开展安全生产评优评先表彰工作。

（11）建立企业在建项目安全生产管理档案。

（12）考核评价分包企业安全生产业绩及项目安全生产管理情况。

（13）参加生产安全事故的调查和处理工作。

（14）企业明确的其他安全生产管理职责。

建筑施工企业安全生产管理机构专职安全生产管理人员在施工现场检查过程中具有以下职责：

（1）查阅在建项目安全生产有关资料、核实有关情况。

（2）检查危险性较大工程安全专项施工方案落实情况。

（3）监督项目专职安全生产管理人员履责情况。

（4）监督作业人员安全防护用品的配备及使用情况。

（5）对发现的安全生产违章违规行为或安全隐患，有权当场予以纠正或作出处理决定。

（6）对不符合安全生产条件的设施、设备、器材，有权当场作出查封的处理决定。

（7）对施工现场存在的重大安全隐患有权越级报告或直接向建设主管部门报告。

（8）企业明确的其他安全生产管理职责。

建筑施工企业应当在建设工程项目组建安全生产领导小组。建设工程实行施工总承包的，安全生产领导小组由总承包企业、专业承包企业和劳务分包企业项目经理、技术负责人和专职安全生产管理人员组成。安全生产领导小组具有以下主要职责：

（1）贯彻落实国家有关安全生产法律法规和标准。

（2）组织制定项目安全生产管理制度并监督实施。

（3）编制项目生产安全事故应急救援预案并组织演练。

（4）保证项目安全生产费用的有效使用。

（5）组织编制危险性较大工程安全专项施工方案。

（6）开展项目安全教育培训。

（7）组织实施项目安全检查和隐患排查。

（8）建立项目安全生产管理档案。

（9）及时、如实报告安全生产事故。

项目专职安全生产管理人员具有以下主要职责：

（1）负责施工现场安全生产日常检查并做好检查记录。

（2）现场监督危险性较大工程安全专项施工方案实施情况。

（3）对作业人员违规违章行为有权予以纠正或查处。

（4）对施工现场存在的安全隐患有权责令立即整改。

（5）对于发现的重大安全隐患，有权向企业安全生产管理机构报告。

（6）依法报告生产安全事故情况。

4. 专职安全生产管理人员的配备要求

《建筑施工企业安全生产管理机构设置及专职安全生产管理人员配备办法》规定，总承包单位配备项目专职安全生产管理人员应当满足下列要求：

（1）建筑工程、装修工程按照建筑面积配备：

1）1 万平方米以下的工程不少于 1 人。

2）1 万～ 5 万平方米的工程不少于 2 人。

3）5 万平方米及以上的工程不少于 3 人，且按专业配备专职安全生产管理人员。

（2）土木工程、线路管道、设备安装工程按照工程合同价配备：

1）5 000 万元以下的工程不少于 1 人。

2）5 000 万～ 1 亿元的工程不少于 2 人。

3）1 亿元及以上的工程不少于 3 人，且按专业配备专职安全生产管理人员。

分包单位配备项目专职安全生产管理人员应当满足下列要求：

（1）专业承包单位应当配置至少 1 人，并根据所承担的分部分项工程的工程量和施工危险程度增加。

（2）劳务分包单位施工人员在 50 人以下的，应当配备 1 名专职安全生产管理人员；50 ～ 200 人的，应当配备 2 名专职安全生产管理人员；200 人及以上的，应当配备 3 名及以上专职安全生产管理人员，并根据所承担的分部分项工程施工危险实际情况增加，不得少于工程施工人员总人数的 5‰。

5. 施工总承包和分包单位的安全生产责任

《建筑法》规定，施工现场安全由建筑施工企业负责。实行施工总承包的，由总承包单位负责。分包单位向总承包单位负责，服从总承包单位对施工现场的安全生产管理。

《建设工程安全生产管理条例》规定，建设工程实行施工总承包的，由总承包单位对施工现场的安全生产负总责。总承包单位应当自行完成建设工程主体结构的施工。总承包单位依法将建设工程分包给其他单位的，分包合同中应当明确各自的安全生产方面的权利、义务。总承包单位和分包单位对分包工程的安全生产承担连带责任。

施工单位应当根据建设工程施工的特点、范围，对施工现场易发生重大事故的部位、环节进行监控，制定施工现场生产安全事故应急救援预案。实行施工总承包的，由总承包单位统一组织编制建设工程生产安全事故应急救援预案，工程总承包单位和分包单位按照应急救援预案，各自建立应急救援组织或者配备应急救援人员，配备救援器材、设备，并定期组织演练。

实行施工总承包的建设工程，由总承包单位负责上报事故。

5.2.2 施工作业人员安全生产的权利和义务

1. 施工作业人员依法享有的安全生产保障权利

《建筑法》规定，作业人员有权对影响人身健康的作业程序和作业条件提出改进意见，有权获得安全生产所需的防护用品。作业人员对危及生命安全和人身健康的行为有权提出批评、检举和控告。

根据《安全生产法》的规定，从业人员主要享有如下的安全生产权利：

（1）生产经营单位与从业人员订立的劳动合同，应当载明有关保障从业人员劳动安全、防止职业危害的事项，以及依法为从业人员办理工伤保险的事项。

（2）生产经营单位的从业人员有权了解其作业场所和工作岗位存在的危险因素、防范措施及事故应急措施，有权对本单位的安全生产工作提出建议。

（3）从业人员有权对本单位安全生产工作中存在的问题提出批评、检举、控告；有权拒绝违章指挥和强令冒险作业。

（4）从业人员发现直接危及人身安全的紧急情况时，有权停止作业或者在采取可能的应急措施后撤离作业场所。

（5）因生产安全事故受到损害的从业人员，除依法享有工伤保险外，依照有关民事法律尚有获得赔偿的权利的，有权向本单位提出赔偿要求。

2. 施工作业人员应当履行的安全生产义务

《建筑法》规定，建筑施工企业和作业人员在施工过程中，应当遵守有关安全生产的法律、法规和建筑行业安全规章、规程，不得违章指挥或者违章作业。

根据《安全生产法》的规定，从业人员主要应当履行如下安全生产义务：

（1）从业人员在作业过程中，应当严格落实岗位安全责任，遵守本单位的安全生产规章制度和操作规程，服从管理，正确佩戴和使用劳动防护用品。

（2）从业人员应当接受安全生产教育和培训，掌握本职工作所需的安全生产知识，提高安全生产技能，增强事故预防和应急处理能力。

（3）从业人员发现事故隐患或者其他不安全因素，应当立即向现场安全生产管理人员或者本单位负责人报告；接到报告的人员应当及时予以处理。

5.2.3 施工单位安全生产教育培训的规定

1. “安管人员”的考核

建筑施工企业主要负责人、项目负责人和专职安全生产管理人员，合称“安管人员”。

《建筑施工企业主要负责人、项目负责人和专职安全生产管理人员安全生产管理规定》中规定，“安管人员”应当通过其受聘企业，向企业工商注册地的省、自治区、直辖市人民政府住房和城乡建设主管部门申请安全生产考核，并取得安全生产考核合格证书。安全生产考核合格证书有效期为 3 年，证书在全国范围内有效。

2. 特种作业人员的培训考核

《建设工程安全生产管理条例》规定，垂直运输机械作业人员、安装拆卸工、爆破作业人员、起重信号工、登高架设作业人员等特种作业人员，必须按照国家有关规定经过专门的安全作业培训，并取得特种作业操作资格证书后，方可上岗作业。

3. 施工单位全员的安全生产教育培训

《建设工程安全生产管理条例》规定，施工单位应当对管理人员和作业人员每年至少进行一次安全生产教育培训，其教育培训情况记入个人工作档案。安全生产教育培训考核不合格的人员，不得上岗。

4. 进入新的岗位或者新的施工现场前以及采用“四新”技术前的安全生产教育培训

《建设工程安全生产管理条例》规定，作业人员进入新的岗位或者新的施工现场前，应当接受安全生产教育培训。未经教育培训或者教育培训考核不合格的人员，不得上岗作业。

施工单位在采用新技术、新工艺、新设备、新材料时，应当对作业人员进行相应的安全生产教育培训。

5.3 施工现场安全防护制度

学习目标

- 了解编制安全技术措施、专项施工方案和安全技术交底的规定。
- 熟悉办理工伤保险和意外伤害保险的规定。
- 掌握施工现场安全防范措施的规定。
- 掌握施工现场消防安全职责和应采取的消防安全措施。
- 能运用施工现场安全防护制度分析建设工程案例。

安全防护就是做好准备和保护，以应付攻击或者避免受害，从而使被保护对象处于没有危险、不受侵害、不出现事故的安全状态。安全是目的，防护是手段，通过防护的手段达到或实现安全的目的，就是安全防护的基本内涵。

5.3.1 编制安全技术措施、专项施工方案和安全技术交底的规定

《建筑法》规定，建筑施工企业在编制施工组织设计时，应当根据建筑工程的特点制定相应的安全技术措施；对专业性较强的工程项目，应当编制专项安全施工组织设计，并采取安全技术措施。

1. 编制安全技术措施、临时用电方案和安全专项施工方案

《建设工程安全生产管理条例》规定，施工单位应当在施工组织设计中编制安全技术措施和施工现场临时用电方案，对下列达到一定规模的危险性较大的分部分项工程编制专项施工方案，并附具安全验算结果，经施工单位技术负责人、总监理工程师签字后实施，由专职安全生产管理人员进行现场监督：

（1）基坑支护与降水工程。

（2）土方开挖工程。

（3）模板工程。

（4）起重吊装工程。

（5）脚手架工程。

（6）拆除、爆破工程。

（7）国务院建设行政主管部门或者其他有关部门规定的其他危险性较大的工程。

对上述所列工程中涉及深基坑、地下暗挖工程、高大模板工程的专项施工方案，施工单位还应当组织专家进行论证、审查。

2. 安全施工技术交底

《建设工程安全生产管理条例》规定，建设工程施工前，施工单位负责项目管理的技术人员应当对有关安全施工的技术要求向施工作业班组、作业人员作出详细说明，并由双方签字确认。

2019 年 3 月，经住房和城乡建设部修改后发布的《危险性较大的分部分项工程安全管理规定》中规定，专项施工方案实施前，编制人员或者项目技术负责人应当向施工现场管理人员进行方案交底。施工现场管理人员应当向作业人员进行安全技术交底，并由双方和项目专职安全生产管理人员共同签字确认。

安全技术交底通常包括施工工种安全技术交底、分部分项工程施工安全技术交底、大型特殊工程单向安全技术交底、设备安装工程技术交底以及采用新工艺、新技术、新材料施工的安全技术交底等。

5.3.2 施工现场安全防范措施的规定

《建筑法》规定，建筑施工企业应当在施工现场采取维护安全、防范危险、预防火灾等措施；有条件的，应当对施工现场实行封闭管理。施工现场对毗邻的建筑物、构筑物和特殊作业环境可能造成损害的，建筑施工企业应当采取安全防护措施。

1. 危险部位设置安全警示标志

安全警示标志是用以表达特定安全信息的标志，由图形符号、安全色、几何形状（边框）或文字构成。《建设工程安全生产管理条例》规定，施工单位应当在施工现场入口处、施工起重机械、临时用电设施、脚手架、出入通道口、楼梯口、电梯井口、孔洞口、桥梁口、隧道口、基坑边沿、爆破物及有害危险气体和液体存放处等危险部位，设置明显的安全警示标志。安全警示标志必须符合国家标准。

2. 不同施工阶段和暂停施工应采取的安全施工措施

《建设工程安全生产管理条例》规定，施工单位应当根据不同施工阶段和周围环境及季节、气候的变化，在施工现场采取相应的安全施工措施。施工现场暂时停止施工的，施工单位应当做好现场防护，所需费用由责任方承担，或者按照合同约定执行。

由于施工作业的风险性较大，在地下施工、高处施工等不同的施工阶段要采取相应安全措施，并应根据周围环境和季节、气候变化，加强季节性安全防护措施。例如，夏季要防暑降温，冬季要防寒防冻、防止煤气中毒；夜间施工应有足够的照明；雨期和冬期施工应对道路采取防滑措施；傍山沿河地区应制定防滑坡、防泥石流、防汛措施；大风、大雨期间应暂停施工等。

3. 施工现场临时设施的安全卫生要求

《建设工程安全生产管理条例》规定，施工单位应当将施工现场的办公、生活区与作业区分开设置，并保持安全距离；办公、生活区的选址应当符合安全性要求。职工的膳食、饮水、休息场所等应当符合卫生标准。施工单位不得在尚未竣工的建筑物内设置员工集体宿舍。施工现场临时搭建的建筑物应当符合安全使用要求。施工现场使用的装配式活动房屋应当具有产品合格证。

4. 对施工现场周边应采取的安全防护措施

《建设工程安全生产管理条例》规定，施工单位对因建设工程施工可能造成损害的毗邻建筑物、构筑物和地下管线等，应当采取专项防护措施。施工单位应当遵守有关环境保护法律、法规的规定，在施工现场采取措施，防止或者减少粉尘、废气、废水、固体废物、噪声、振动和施工照明对人和环境的危害和污染。在城市市区内的建设工程，施工单位应当对施工现场实行封闭围挡。

5. 危险作业的施工现场安全管理

《安全生产法》规定，生产经营单位进行爆破、吊装、动火、临时用电以及国务院应急管理部门会同国务院有关部门规定的其他危险作业，应当安排专门人员进行现场安全管理，确保操作规程的遵守和安全措施的落实。

《危险化学品安全管理条例》（2013 年修订）还规定，进行可能危及危险化学品管道安全的施工作业，施工单位应当在开工的 7 日前书面通知管道所属单位，并与管道所属单位共同制定应急预案，采取相应的安全防护措施。管道所属单位应当指派专门人员到现场进行管道安全保护指导。

6. 安全防护设备、机械设备等的安全管理

《建设工程安全生产管理条例》规定，施工单位采购、租赁的安全防护用具、机械设备、施工机具及配件，应当具有生产（制造）许可证、产品合格证，并在进入施工现场前进行查验。施工现场的安全防护用具、机械设备、施工机具及配件必须由专人管理，定期进行检查、维修和保养，建立相应的资料档案，并按照国家有关规定及时报废。

《建设工程安全生产管理条例》还规定，施工单位在使用施工起重机械和整体提升脚手架、模板等自升式架设设施前，应当组织有关单位进行验收，也可以委托具有相应资质的检验检测机构进行验收；使用承租的机械设备和施工机具及配件的，由施工总承包单位、分包单位、出租单位和安装单位共同进行验收。验收合格的方可使用。

5.3.3 施工现场消防安全职责和应采取的消防安全措施

在施工现场，火灾时有发生，甚至还出现过特大恶性火灾事故，比如 2010 年 11 月 15 日上海静安区一幢高层住宅楼在进行外墙节能改造施工时发生火灾，造成 58 人死亡、71 人受伤。因此施工单位必须建立健全消防安全责任制，加强消防安全教育培训，严格消防安全管理，落实消防安全措施，确保施工现场消防安全。

1. 施工单位的消防安全责任

《安全生产法》规定，生产经营单位的主要负责人是本单位安全生产第一责任人，对本单位的安全生产工作全面负责。《建设工程安全生产管理条例》规定，施工单位应当在施工现场建立消防安全责任制度，确定消防安全责任人，制定用火、用电、使用易燃易爆材料等各项消防安全管理制度和操作规程，设置消防通道、消防水源，配备消防设施和灭火器材，并在施工现场入口处设置明显标志。

2023 年 8 月，住房和城乡建设部修正的《建设工程消防设计审查验收管理暂行规定》

中进一步规定，施工单位应当履行下列消防设计、施工质量责任和义务：

（1）按照建设工程法律法规、国家工程建设消防技术标准，以及经消防设计审查合格或者满足工程需要的消防设计文件组织施工，不得擅自改变消防设计进行施工，降低消防施工质量；

（2）按照消防设计要求、施工技术标准和合同约定检验消防产品和具有防火性能要求的建筑材料、建筑构配件和设备的质量，使用合格产品，保证消防施工质量；

（3）参加建设单位组织的建设工程竣工验收，对建设工程消防施工质量签章确认，并对建设工程消防施工质量负责。

2. 施工现场的消防安全要求

2009 年 3 月，公安部、住房和城乡建设部发布的《关于进一步加强建设工程施工现场消防安全工作的通知》（公消〔2009〕131 号）规定，保障施工现场具备以下消防安全条件：

（1）施工现场要设置消防通道并确保畅通。建筑工地要满足消防车通行、停靠和作业要求。在建建筑内应设置标明楼梯间和出入口的临时醒目标志，视情安装楼梯间和出入口的临时照明，及时清理建筑垃圾和障碍物，规范材料堆放，保证发生火灾时，现场施工人员疏散和消防人员扑救快捷畅通。

（2）施工现场要按有关规定设置消防水源。应当在建设工程平地阶段按照总平面设计设置室外消火栓系统，并保持充足的管网压力和流量。根据在建工程施工进度，同步安装室内消火栓系统或设置临时消火栓，配备水枪水带，消防干管设置水泵接合器，满足施工现场火灾扑救的消防供水要求。

（3）施工现场应当配备必要的消防设施和灭火器材。施工现场的重点防火部位和在建高层建筑的各个楼层，应在明显和方便取用的地方配置适当数量的手提式灭火器、消防沙袋等消防器材。

（4）施工现场的办公、生活区与作业区应当分开设置，并保持安全距离；施工单位不得在尚未竣工的建筑物内设置员工集体宿舍。

3. 施工单位的消防安全教育培训和消防演练

《关于进一步加强建设工程施工现场消防安全工作的通知》规定，施工人员上岗前的安全培训应当包括以下消防内容：有关消防法规、消防安全制度和保障消防安全的操作规程，本岗位的火灾危险性和防火措施，有关消防设施的性能、灭火器材的使用方法，报火警、扑救初起火灾以及自救逃生的知识和技能等，保障施工现场人员具有相应的消防常识和逃生自救能力。

施工单位应当根据国家有关消防法规和建设工程安全生产法规的规定，建立施工现场消防组织，制定灭火和应急疏散预案，并至少每半年组织一次演练，提高施工人员及时报警、扑灭初期火灾和自救逃生能力。

5.3.4 办理工伤保险和意外伤害保险的规定

《建筑法》规定，建筑施工企业应当依法为职工参加工伤保险缴纳工伤保险费。鼓励企业为从事危险作业的职工办理意外伤害保险，支付保险费。

1. 办理工伤保险的规定

人力资源和社会保障部、住房和城乡建设部、国家安全生产监督管理总局、全国总工会颁发的《关于进一步做好建筑业工伤保险工作的意见》（人社部发〔2014〕103 号）提出，针对建筑行业的特点，建筑施工企业对相对固定的职工，应按用人单位参加工伤保险；对不能按用人单位参保、建筑项目使用的建筑业职工特别是农民工，按项目参加工伤保险。

（1）工伤保险基金。

《工伤保险条例》（2010 年修订）规定，中华人民共和国境内的企业、事业单位、社会团体、民办非企业单位、基金会、律师事务所、会计师事务所等组织和有雇工的个体工商户应当依照本条例规定参加工伤保险，为本单位全部职工或者雇工缴纳工伤保险费。

工伤保险基金由用人单位缴纳的工伤保险费、工伤保险基金的利息和依法纳入工伤保险基金的其他资金构成。

用人单位应当按时缴纳工伤保险费。职工个人不缴纳工伤保险费。用人单位缴纳工伤保险费的数额为本单位职工工资总额乘以单位缴费费率之积。

工伤保险基金存入社会保障基金财政专户，用于《工伤保险条例》规定的工伤保险待遇，劳动能力鉴定，工伤预防的宣传、培训等费用，以及法律、法规规定的用于工伤保险的其他费用的支付。工伤预防费用的提取比例、使用和管理的具体办法，由国务院社会保险行政部门会同国务院财政、卫生行政、安全生产监督管理等部门规定。任何单位或者个人不得将工伤保险基金用于投资运营、兴建或者改建办公场所、发放奖金，或者挪作其他用途。

（2）工伤认定。

《工伤保险条例》规定，职工有下列情形之一的，应当认定为工伤：

1）在工作时间和工作场所内，因工作原因受到事故伤害的。

2）工作时间前后在工作场所内，从事与工作有关的预备性或者收尾性工作受到事故伤害的。

3）在工作时间和工作场所内，因履行工作职责受到暴力等意外伤害的。

4）患职业病的。

5）因工外出期间，由于工作原因受到伤害或者发生事故下落不明的。

6）在上下班途中，受到非本人主要责任的交通事故或者城市轨道交通、客运轮渡、火车事故伤害的。

7）法律、行政法规规定应当认定为工伤的其他情形。

提出工伤认定申请应当提交下列材料：

1）工伤认定申请表。

2）与用人单位存在劳动关系（包括事实劳动关系）的证明材料。

3）医疗诊断证明或者职业病诊断证明书（或者职业病诊断鉴定书）。

工伤认定申请表应当包括事故发生的时间、地点、原因以及职工伤害程度等基本情况。

2. 办理意外伤害保险的规定

《建设工程安全生产管理条例》规定，施工单位应当为施工现场从事危险作业的人员办理意外伤害保险。意外伤害保险费由施工单位支付。实行施工总承包的，由总承包单位支付意外伤害保险费。意外伤害保险期限自建设工程开工之日起至竣工验收合格止。

（1）建筑意外伤害保险的范围和期限。

建设部 2003 年 5 月发布的《关于加强建筑意外伤害保险工作的指导意见》（建质〔2003〕107 号）中指出，建筑施工企业应当为施工现场从事施工作业和管理的人员，在施工活动过程中发生的人身意外伤亡事故提供保障，办理建筑意外伤害保险、支付保险费，范围应当覆盖工程项目。已在企业所在地参加工伤保险的人员，从事现场施工时仍可参加建筑意外伤害保险。

保险期限应涵盖工程项目开工之日到工程竣工验收合格日。提前竣工的，保险责任自行终止。因延长工期的，应当办理保险顺延手续。

（2）建筑意外伤害保险的投保。

施工企业应在工程项目开工前，办理完投保手续。鉴于工程建设项目施工工艺流程中各工种调动频繁、用工流动性大，投保应实行不记名和不计人数的方式。工程项目中有分包单位的由总承包施工企业统一办理，分包单位合理承担投保费用。业主直接发包的工程项目由承包企业直接办理。

导入案例
解析一

投保人办理投保手续后，应将投保有关信息以布告形式张贴于施工现场，告知被保险人。

5.4 施工安全事故的应急救援与调查处理

学习目标

- 了解生产安全事故的等级划分标准。
- 熟悉施工生产安全事故应急救援预案的规定。
- 掌握施工生产安全事故报告及采取相应措施的规定。
- 能运用施工安全事故的应急救援与调查处理制度分析建设工程案例。

5.4.1 生产安全事故的等级划分标准

2007 年 3 月，国务院发布的《生产安全事故报告和调查处理条例》规定，根据生产安全事故造成的人员伤亡或者直接经济损失，事故一般分为以下等级：

（1）特别重大事故，是指造成 30 人以上死亡，或者 100 人以上重伤（包括急性工业中毒，下同），或者 1 亿元以上直接经济损失的事故。

（2）重大事故，是指造成 10 人以上 30 人以下死亡，或者 50 人以上 100 人以下重伤，或者 5 000 万元以上 1 亿元以下直接经济损失的事故。

导入案例解析二

（3）较大事故，是指造成 3 人以上 10 人以下死亡，或者 10 人以上 50 人以下重伤，或者 1 000 万元以上 5 000 万元以下直接经济损失的事故。

（4）一般事故，是指造成 3 人以下死亡，或者 10 人以下重伤，或者 1 000 万元以下直接经济损失的事故。

5.4.2 施工生产安全事故应急救援预案的规定

《建设工程安全生产管理条例》规定，施工单位应当制定本单位生产安全事故应急救援预案，建立应急救援组织或者配备应急救援人员，配备必要的应急救援器材、设备，并定期组织演练。

1. 施工生产安全事故应急救援预案的编制

《建设工程安全生产管理条例》规定，施工单位应当根据建设工程施工的特点、范围，对施工现场易发生重大事故的部位、环节进行监控，制定施工现场生产安全事故应急救援预案。实行施工总承包的，由总承包单位统一组织编制建设工程生产安全事故应急救援预案，工程总承包单位和分包单位按照应急救援预案，各自建立应急救援组织或者配备应急救援人员，配备救援器材、设备，并定期组织演练。

2019 年 7 月，应急管理部修改后发布的《生产安全事故应急预案管理办法》规定，生产经营单位应急预案分为综合应急预案、专项应急预案和现场处置方案。

生产经营单位风险种类多、可能发生多种类型事故的，应当组织编制综合应急预案。综合应急预案应当规定应急组织机构及其职责、应急预案体系、事故风险描述、预警及信息报告、应急响应、保障措施、应急预案管理等内容。

对于某一种或者多种类型的事故风险，生产经营单位可以编制相应的专项应急预案，或将专项应急预案并入综合应急预案。专项应急预案应当规定应急指挥机构与职责、处置程序和措施等内容。

对于危险性较大的场所、装置或者设施，生产经营单位应当编制现场处置方案。现场处置方案应当规定应急工作职责、应急处置措施和注意事项等内容。事故风险单一、危险性小的生产经营单位，可以只编制现场处置方案。

生产经营单位编制的各类应急预案之间应当相互衔接，并与相关人民政府及其部门、应急救援队伍和涉及的其他单位的应急预案相衔接。

2. 施工生产安全事故应急救援预案的修订、教育培训和演练

《生产安全事故应急预案管理办法》规定，有下列情形之一的，应急预案应当及时修订并归档：

（1）依据的法律、法规、规章、标准及上位预案中的有关规定发生重大变化的。

（2）应急指挥机构及其职责发生调整的。

（3）安全生产面临的风险发生重大变化的。

（4）重要应急资源发生重大变化的。

（5）在应急演练和事故应急救援中发现需要修订预案的重大问题的。

（6）编制单位认为应当修订的其他情况。

各级人民政府应急管理部门应当将本部门应急预案的培训纳入安全生产培训工作计划，并组织实施本行政区域内重点生产经营单位的应急预案培训工作。生产经营单位应当组织开展本单位的应急预案、应急知识、自救互救和避险逃生技能的培训活动，使有关人员了解应急预案内容，熟悉应急职责、应急处置程序和措施。应急培训的时间、地点、内容、师资、参加人员和考核结果等情况应当如实记入本单位的安全生产教育和培训档案。

生产经营单位应当制订本单位的应急预案演练计划，根据本单位的事故风险特点，每年至少组织一次综合应急预案演练或者专项应急预案演练，每半年至少组织一次现场处置方案演练。

5.4.3 施工生产安全事故报告及采取相应措施的规定

《建筑法》规定，施工中发生事故时，建筑施工企业应当采取紧急措施减少人员伤亡和事故损失，并按照国家有关规定及时向有关部门报告。

《建设工程安全生产管理条例》规定，施工单位发生生产安全事故，应当按照国家有关伤亡事故报告和调查处理的规定，及时、如实地向负责安全生产监督管理的部门、建设行政主管部门或者其他有关部门报告；特种设备发生事故的，还应当同时向特种设备安全监督管理部门报告。接到报告的部门应当按照国家有关规定，如实上报。实行施工总承包的建设工程，由总承包单位负责上报事故。

1. 施工生产安全事故报告的基本要求

《安全生产法》规定，生产经营单位发生生产安全事故后，事故现场有关人员应当立即报告本单位负责人。单位负责人接到事故报告后，应当迅速采取有效措施，组织抢救，防止事故扩大，减少人员伤亡和财产损失，并按照国家有关规定立即如实报告当地负有安全生产监督管理职责的部门，不得隐瞒不报、谎报或者迟报，不得故意破坏事故现场、毁灭有关证据。

（1）事故报告的时间要求。

2007 年 4 月，国务院发布的《生产安全事故报告和调查处理条例》规定，事故发生后，事故现场有关人员应当立即向本单位负责人报告；单位负责人接到报告后，应当于 1 小时内向事故发生地县级以上人民政府安全生产监督管理部门和负有安全生产监督管理职责的有关部门报告。

（2）事故报告的内容要求。

《生产安全事故报告和调查处理条例》规定，报告事故应当包括下列内容：

1）事故发生单位概况。

2）事故发生的时间、地点以及事故现场情况。

3）事故的简要经过。

4）事故已经造成或者可能造成的伤亡人数（包括下落不明的人数）和初步估计的直接经济损失。

5）已经采取的措施。

6）其他应当报告的情况。

（3）事故补报的要求。

《生产安全事故报告和调查处理条例》规定，事故报告后出现新情况的，应当及时补报。自事故发生之日起 30 日内，事故造成的伤亡人数发生变化的，应当及时补报。道路交通事故、火灾事故自发生之日起 7 日内，事故造成的伤亡人数发生变化的，应当及时补报。

2. 发生施工生产安全事故后应采取的相应措施

《建设工程安全生产管理条例》规定，发生生产安全事故后，施工单位应当采取措施防止事故扩大，保护事故现场。需要移动现场物品时，应当作出标记和书面记录，妥善保管有关证物。

（1）组织应急抢救工作。

《生产安全事故报告和调查处理条例》规定，事故发生单位负责人接到事故报告后，应当立即启动事故相应应急预案，或者采取有效措施，组织抢救，防止事故扩大，减少人员伤亡和财产损失。

（2）妥善保护事故现场。

《生产安全事故报告和调查处理条例》规定，事故发生后，有关单位和人员应当妥善保护事故现场以及相关证据，任何单位和个人不得破坏事故现场、毁灭相关证据。因抢救人员、防止事故扩大以及疏通交通等原因，需要移动事故现场物件的，应当作出标志，绘制现场简图并作出书面记录，妥善保存现场重要痕迹、物证。

3. 施工生产安全事故的调查

《安全生产法》规定，事故调查处理应当按照科学严谨、依法依规、实事求是、注重实效的原则，及时、准确地查清事故原因，查明事故性质和责任，评估应急处置工作，总结事故教训，提出整改措施，并对事故责任单位和人员提出处理意见。事故调查报告应当依法及时向社会公布。

（1）事故调查的管辖。

《生产安全事故报告和调查处理条例》规定，特别重大事故由国务院或者国务院授权有关部门组织事故调查组进行调查。重大事故、较大事故、一般事故分别由事故发生地省级人民政府、设区的市级人民政府、县级人民政府负责调查。省级人民政府、设区的市级人民政府、县级人民政府可以直接组织事故调查组进行调查，也可以授权或者委托有关部门组织事故调查组进行调查。未造成人员伤亡的一般事故，县级人民政府也可以委托事故发生单位组织事故调查组进行调查。上级人民政府认为必要时，可以调查由下级人民政府负责调查的事故。

自事故发生之日起 30 日内（道路交通事故、火灾事故自发生之日起 7 日内），因事故伤亡人数变化导致事故等级发生变化，依照《生产安全事故报告和调查处理条例》规定应当由上级人民政府负责调查的，上级人民政府可以另行组织事故调查组进行调查。

特别重大事故以下等级事故，事故发生地与事故发生单位不在同一个县级以上行政区域的，由事故发生地人民政府负责调查，事故发生单位所在地人民政府应当派人参加。

（2）事故调查组的组成与职责。

《生产安全事故报告和调查处理条例》规定，事故调查组的组成应当遵循精简、效能的原则。根据事故的具体情况，事故调查组由有关人民政府、安全生产监督管理部门、负有安全生产监督管理职责的有关部门、监察机关、公安机关以及工会派人组成，并应当邀请人民检察院派人参加。事故调查组可以聘请有关专家参与调查。

事故调查组成员应当具有事故调查所需要的知识和专长，并与所调查的事故没有直接利害关系。事故调查组组长由负责事故调查的人民政府指定。事故调查组组长主持事故调查组的工作。

事故调查组履行下列职责：

1）查明事故发生的经过、原因、人员伤亡情况及直接经济损失。

2）认定事故的性质和事故责任。

3）提出对事故责任者的处理建议。

4）总结事故教训，提出防范和整改措施。

5）提交事故调查报告。

（3）事故调查报告的期限与内容。

《生产安全事故报告和调查处理条例》规定，事故调查组应当自事故发生之日起 60 日内提交事故调查报告；特殊情况下，经负责事故调查的人民政府批准，提交事故调查报告的期限可以适当延长，但延长的期限最长不超过 60 日。

事故调查报告应当包括下列内容：

1）事故发生单位概况。

2）事故发生经过和事故救援情况。

3）事故造成的人员伤亡和直接经济损失。

4）事故发生的原因和事故性质。

5）事故责任的认定以及对事故责任者的处理建议。

6）事故防范和整改措施。

事故调查报告应当附具有关证据材料。事故调查组成员应当在事故调查报告上签名。

4. 施工生产安全事故的处理

（1）事故处理时限和落实批复。

《生产安全事故报告和调查处理条例》规定，重大事故、较大事故、一般事故，负责事故调查的人民政府应当自收到事故调查报告之日起 15 日内作出批复；特别重大事故，30 日内作出批复，特殊情况下，批复时间可以适当延长，但延长的时间最长不超过 30 日。

有关机关应当按照人民政府的批复，依照法律、行政法规规定的权限和程序，对事故发生单位和有关人员进行行政处罚，对负有事故责任的国家工作人员进行处分。事故发生单位应当按照负责事故调查的人民政府的批复，对本单位负有事故责任的人员进行处理。负有事故责任的人员涉嫌犯罪的，依法追究刑事责任。

（2）事故发生单位的防范和整改措施。

《生产安全事故报告和调查处理条例》规定，事故发生单位应当认真吸取事故教训，落实防范和整改措施，防止事故再次发生。防范和整改措施的落实情况应当接受工会和职工的监督。安全生产监督管理部门和负有安全生产监督管理职责的有关部门应当对事故发生单位落实防范和整改措施的情况进行监督检查。

（3）处理结果的公布。

《生产安全事故报告和调查处理条例》规定，事故处理的情况由负责事故调查的人民政府或者其授权的有关部门、机构向社会公布，依法应当保密的除外。

5.5 建设单位和相关单位的建设工程安全责任制度

学习目标

- 了解机械设备等单位相关的安全责任。
- 熟悉勘察、设计、监理单位相关的安全责任。
- 掌握建设单位的安全责任。
- 能运用建设单位和相关单位的建设工程安全责任制度分析建设工程案例。

建设工程施工安全生产的主要责任单位是施工单位，但与施工活动密切相关的单位的活动也都影响着施工安全。

5.5.1 建设单位的安全责任

1. 依法办理有关批准手续

《建筑法》规定，有下列情形之一的，建设单位应当按照国家有关规定办理申请批准手续：

（1）需要临时占用规划批准范围以外场地的。

（2）可能损坏道路、管线、电力、邮电通信等公共设施的。

（3）需要临时停水、停电、中断道路交通的。

（4）需要进行爆破作业的。

（5）法律、法规规定需要办理报批手续的其他情形。

2. 向施工单位提供真实、准确和完整的有关资料

《建筑法》规定，建设单位应当向建筑施工企业提供与施工现场相关的地下管线资料，建筑施工企业应当采取措施加以保护。

《建设工程安全生产管理条例》规定，建设单位应当向施工单位提供施工现场及毗邻区域内供水、排水、供电、供气、供热、通信、广播电视等地下管线资料，气象和水文观测资料，相邻建筑物和构筑物、地下工程的有关资料，并保证资料的真实、准确、完整。

3. 不得提出违法要求和随意压缩合同工期

《建设工程安全生产管理条例》规定，建设单位不得对勘察、设计、施工、工程监理等单位提出不符合建设工程安全生产法律、法规和强制性标准规定的要求，不得压缩合同约定的工期。

4. 确定建设工程安全作业环境及安全施工措施所需费用

《建设工程安全生产管理条例》规定，建设单位在编制工程概算时，应当确定建设工程安全作业环境及安全施工措施所需费用。

5. 不得要求购买、租赁和使用不符合安全施工要求的用具设备等

《建设工程安全生产管理条例》规定，建设单位不得明示或者暗示施工单位购买、租赁、使用不符合安全施工要求的安全防护用具、机械设备、施工机具及配件、消防设施和器材。

6. 申领施工许可证应当提供有关安全施工措施的资料

《建设工程安全生产管理条例》规定，建设单位在申请领取施工许可证时，应当提供建设工程有关安全施工措施的资料。依法批准开工报告的建设工程，建设单位应当自开工

报告批准之日起 15 日内，将保证安全施工的措施报送建设工程所在地的县级以上地方人民政府建设行政主管部门或者其他有关部门备案。

7. 装修和拆除工程应符合有关规定

《建筑法》规定，涉及建筑主体和承重结构变动的装修工程，建设单位应当在施工前委托原设计单位或者具有相应资质条件的设计单位提出设计方案；没有设计方案的，不得施工。

《建设工程安全生产管理条例》规定，建设单位应当将拆除工程发包给具有相应资质等级的施工单位。建设单位应当在拆除工程施工 15 日前，将下列资料报送建设工程所在地的县级以上地方人民政府建设行政主管部门或者其他有关部门备案：

（1）施工单位资质等级证明。

（2）拟拆除建筑物、构筑物及可能危及毗邻建筑的说明。

（3）拆除施工组织方案。

（4）堆放、清除废弃物的措施。

实施爆破作业的，应当遵守国家有关民用爆炸物品管理的规定。

导入案例
解析三

5.5.2 勘察、设计、监理单位相关的安全责任

1. 勘察单位的安全责任

《建设工程安全生产管理条例》规定，勘察单位应当按照法律、法规和工程建设强制性标准进行勘察，提供的勘察文件应当真实、准确，满足建设工程安全生产的需要。勘察单位在勘察作业时，应当严格执行操作规程，采取措施保证各类管线、设施和周边建筑物、构筑物的安全。

2. 设计单位的安全责任

《建设工程安全生产管理条例》规定，设计单位应当按照法律、法规和工程建设强制性标准进行设计，防止因设计不合理导致生产安全事故的发生。设计单位应当考虑施工安全操作和防护的需要，对涉及施工安全的重点部位和环节在设计文件中注明，并对防范生产安全事故提出指导意见。采用新结构、新材料、新工艺的建设工程和特殊结构的建设工程，设计单位应当在设计中提出保障施工作业人员安全和预防生产安全事故的措施建议。设计单位和注册建筑师等注册执业人员应当对其设计负责。

3. 监理单位的安全责任

《建设工程安全生产管理条例》规定，工程监理单位应当审查施工组织设计中的安全

导入案例
解析四

技术措施或者专项施工方案是否符合工程建设强制性标准。工程监理单位在实施监理过程中，发现存在安全事故隐患的，应当要求施工单位整改；情况严重的，应当要求施工单位暂时停止施工，并及时报告建设单位。施工单位拒不整改或者不停止施工的，工程监理单位应当及时向有关主管部门报告。工程监理单位和监理工程师应当按照法律、法规和工程建设强制性标准实施监理，并对建设工程安全生产承担监理责任。

5.5.3 机械设备等单位相关的安全责任

1. 机械设备提供单位的安全责任

《建设工程安全生产管理条例》规定，为建设工程提供机械设备和配件的单位，应当按照安全施工的要求配备齐全有效的保险、限位等安全设施和装置。

2. 机械设备出租单位的安全责任

《建设工程安全生产管理条例》规定，出租的机械设备和施工机具及配件，应当具有生产（制造）许可证、产品合格证。出租单位应当对出租的机械设备和施工机具及配件的安全性能进行检测，在签订租赁协议时，应当出具检测合格证明。禁止出租检测不合格的机械设备和施工机具及配件。建设部 2008 年 1 月发布的《建筑起重机械安全监督管理规定》中规定，有下列情形之一的建筑起重机械，不得出租、使用：

（1）属国家明令淘汰或者禁止使用的。

（2）超过安全技术标准或者制造厂家规定的使用年限的。

（3）经检验达不到安全技术标准规定的。

（4）没有完整安全技术档案的。

（5）没有齐全有效的安全保护装置的。

建筑起重机械有上述第（1）、（2）、（3）项情形之一的，出租单位或者自购建筑起重机械的使用单位应当予以报废，并向原备案机关办理注销手续。

3. 机械设备安装拆卸单位的安全责任

《建设工程安全生产管理条例》规定，在施工现场安装、拆卸施工起重机械和整体提升脚手架、模板等自升式架设设施，必须由具有相应资质的单位承担。安装、拆卸施工起重机械和整体提升脚手架、模板等自升式架设设施，应当编制拆装方案、制定安全施工措施，并由专业技术人员现场监督。施工起重机械和整体提升脚手架、模板等自升式架设设施安装完毕后，安装单位应当自检，出具自检合格证明，并向施工单位进行安全使用说明，办理验收手续并签字。

4. 机械设备检验检测单位的安全责任

《建设工程安全生产管理条例》规定，施工起重机械和整体提升脚手架、模板等自升式架设设施的使用达到国家规定的检验检测期限的，必须经具有专业资质的检验检测机构检测。经检测不合格的，不得继续使用。检验检测机构对检测合格的施工起重机械和整体提升脚手架、模板等自升式架设设施，应当出具安全合格证明文件，并对检测结果负责。

技能检测

一、单选题

1. 根据《建筑施工企业安全生产许可证管理规定》，建筑施工企业取得安全生产许可证应当具备条件的是（　　）。

A. 特种作业人员取得特种作业操作资格证书

B. 为职工办理意外伤害保险

C. 配备兼职安全生产管理人员

D. 有职业危害防治措施，并为安全生产管理人员配备合格的安全防护用具和安全防护服装

2. 施工作业人员张某在作业过程中，发现吊装预制构件未绑扎牢固而失衡摆动，即将脱落直接危及人身安全，随即停止作业并迅速躲避。该情形属于张某行使（　　）。

A. 知情权　　B. 拒绝违章指挥权

C. 正当防卫权　　D. 紧急避险权

3. 下列安全生产责任中，属于建设工程项目专职安全生产管理人员职责的是（　　）。

A. 组织制定并实施本单位生产安全事故应急救援预案

B. 现场监督危险性较大工程安全专项施工方案实施情况

C. 保证本单位安全生产投入的有效实施

D. 监督在建项目安全生产费用的使用

4. 根据《建筑施工企业主要负责人、项目负责人和专职安全生产管理人员安全生产管理规定》，属于项目负责人安全生产职责的是（　　）。

A. 建立项目安全生产管理体系　　B. 建立安全生产管理制度

C. 监控分部分项工程　　D. 及时报告质量问题

5. 施工企业必须为职工办理的保险是（　　）。

A. 意外伤害险　　B. 工伤保险　　C. 职业责任险　　D. 财产保险

6. 根据《工伤保险条例》，不能认定为工伤的情形是（　　）。

A. 在上班途中遭遇本人负主要责任的交通事故致本人伤害的

B. 患职业病的

C. 因工外出期间，由于工作原因发生事故下落不明的

D. 高空作业跌落摔伤的

7. 根据《建设工程安全生产管理条例》，工程监理单位对施工组织设计中的安全技术措施或者专项实施方案的审查重点是（　　）。

A. 是否达到工程使用功能要求　　B. 是否达到施工进度要求

C. 是否符合工程建设强制性标准　　D. 是否达到造价控制目标

8. 下列事项中，属于施工生产安全事故调查组职责的是（　　）。

A. 查明事故发生的间接经济损失　　B. 追究责任人的法律责任

C. 提交事故调查报告　　D. 提出对受伤人员的赔偿方案

9. 某起生产安全事故造成 9 人死亡、51 人重伤，直接经济损失为 2 000 万元，根据《生产安全事故报告和调查处理条例》，该事故为（　　）。

A. 特别重大事故　　B. 重大事故

C. 较大事故　　D. 一般事故

10. 根据《建设工程安全生产管理条例》，施工总承包项目的分包工程发生施工生产安全事故，负责向政府安监部门和有关部门上报事故的是（　　）。

A. 分包单位　　B. 总承包单位

C. 建设单位　　D. 现场安全责任人

二、多选题

1. 根据《建筑起重机械安全监督管理规定》，不得出租、使用的建筑起重机械有（　　）。

A. 超过安全技术标准或者制造厂家规定的使用年限的

B. 经检验达不到安全技术标准规定的

C. 属于有可能淘汰或者限制使用的

D. 没有完整安全技术档案的

E. 没有齐全有效的安全保护装置的

2. 根据《建设工程安全生产管理条例》，下列分部分项工程中，属于达到一定规模的危险性较大，需要编制专项施工方案，并附具安全验算结果的有（　　）。

A. 模板工程　　B. 脚手架工程

C. 装饰装修工程　　D. 拆除、爆破工程

E. 土方开挖工程

3. 关于建设单位安全责任的说法，正确的有（　　）。

A. 不得随意压缩合同工期

B. 确保地下管线的安全

C. 需要临时占用规划批准范围以外场地的，办理批准手续

D. 申领施工许可证时应当提供有关安全施工措施的资料

E. 审查专项施工方案

4. 下列建设工程安全生产责任中，属于工程监理单位安全职责的有（　　）。

A. 审查安全技术措施或专项施工方案

B. 编制安全技术措施或专项施工方案

C. 对施工现场的安全生产负总责

D. 对施工安全事故隐患提出整改要求

E. 出现安全事故，负责成立事故调查组

5. 下列情形中，施工企业应当对作业人员进行安全生产教育培训的有（　　）。

A. 作业人员进入新的岗位前　　B. 施工项目采用新技术、新设备时

C. 施工现场发生重大安全事故时　　D. 新入职作业人员上岗前

E. 作业人员进入新的施工现场前

三、案例分析题

某新建工业厂区，地处大山脚下，总建筑面积为 16 000m^2，其中包含一幢六层办公楼工程，摩擦型预应力管桩，钢筋混凝土框架结构。在施工过程中，发生下列事件：

事件一：连续几天的大雨引发山体滑坡，导致材料库房垮塌，造成 1 人当场死亡、7 人重伤。施工单位负责人接到事故报告后，立即组织相关人员召开紧急会议，要求迅速查明事故原因和责任，严格按照“四不放过”原则处理；4 小时后向相关部门递交了 1 人死亡的事故报告，事故发生后第 7 天有 1 人在医院抢救无效死亡，第 32 天 5 人康复出院。

事件二：办公楼一楼大厅支模高度为 9m，施工单位编制了模架施工专项方案并经审批后，及时进行专项方案专家论证。论证会由总监理工程师组织，在行业协会专家库中抽出 5 名专家，其中 1 名专家是该工程设计单位的总工程师，建设单位没有参加论证会。

事件三：监理工程师对现场安全文明施工进行检查时，发现只有公司级、分公司级、项目级安全教育记录，开工前的安全技术交底记录中交底人为专职安全员，监理工程师要求整改。

问题：

（1）事件一中，施工单位负责人报告事故的做法是否正确？应该补报死亡人数几人？

（2）指出事件二中的错误做法，并说明理由。

（3）指出事件三中的错误做法，并写出正确做法。

单元 6　建设工程质量法律制度

单元导读

党的二十大报告提出：“坚持把发展经济的着力点放在实体经济上，推进新型工业化，加快建设制造强国、质量强国……”本单元主要讲解建设工程质量法律制度，包括工程建设标准、施工单位的质量责任和义务、建设单位及相关单位的质量责任和义务、建设工程竣工验收制度和建设工程质量保修制度等五部分内容。建筑业是国民经济的支柱产业，建设工程质量在一定程度上决定着国民经济发展的质量和效益。一旦发生质量事故，特别是重大垮塌事故，必将危及人民生命财产安全。《国务院办公厅转发住房城乡建设部关于完善质量保障体系提升建筑工程品质指导意见的通知》（国办函〔2019〕92 号）中指出，建筑工程质量事关人民群众生命财产安全，事关城市未来和传承，事关新型城镇化发展水平。“百年大计，质量第一”，必须努力提高建设工程质量水平，确保其安全可靠。本单元所涉及的法律制度在建设活动中应用广泛，是建造师执业资格考试中较为重要的内容。

单元重点

1. 工程建设标准的分类。
2. 按照工程设计图纸和施工技术标准施工的规定。
3. 对施工质量负责和总分包单位的质量责任的规定。
4. 建设单位相关的质量责任和义务。
5. 竣工验收的主体和法定条件。
6. 质量保修书和最低保修期限的规定。

素养提升

学习建设工程质量法律制度，贯彻“百年大计，质量第一”的理念，培养工匠精神，树立法规至上、责任担当的工程建设理念。

导入案例

6.1 工程建设标准

学习目标

- 熟悉工程建设强制性标准实施的规定。
- 掌握工程建设标准的分类。
- 能运用工程建设标准相关规定分析建设工程案例。

《中华人民共和国标准化法》（2017 年修订，以下简称《标准化法》）规定，标准（含标准样品），是指农业、工业、服务业以及社会事业等领域需要统一的技术要求。

6.1.1 工程建设标准的分类

《标准化法》规定，标准包括国家标准、行业标准、地方标准和团体标准、企业标准。国家标准又分为强制性标准、推荐性标准，行业标准、地方标准是推荐性标准。

1. 工程建设国家标准

《标准化法》规定，对保障人身健康和生命财产安全、国家安全、生态环境安全以及满足经济社会管理基本需要的技术要求，应当制定强制性国家标准。国务院有关行政主管部门依据职责负责强制性国家标准的项目提出、组织起草、征求意见和技术审查。国务院标准化行政主管部门负责强制性国家标准的立项、编号和对外通报。

对满足基础通用、与强制性国家标准配套、对各有关行业起引领作用等需要的技术要求，可以制定推荐性国家标准。推荐性国家标准由国务院标准化行政主管部门制定。

1992 年 12 月建设部发布的《工程建设国家标准管理办法》规定，对需要在全国范围内统一的下列技术要求，应当制定国家标准：

（1）工程建设勘察、规划、设计、施工（包括安装）及验收等通用的质量要求。

（2）工程建设通用的有关安全、卫生和环境保护的技术要求。

（3）工程建设通用的术语、符号、代号、量与单位、建筑模数和制图方法。

（4）工程建设通用的试验、检验和评定等方法。

（5）工程建设通用的信息技术要求。

（6）国家需要控制的其他工程建设通用的技术要求。

《工程建设国家标准管理办法》规定，国家标准的编号由国家标准代号、发布标准的顺序号和发布标准的年号组成。强制性国家标准的代号为“GB”，推荐性国家标准的代号为“GB/T”。例如：《建筑设计防火规范》GB 50016-2014，其中 GB 表示强制性国家标准，50016 表示发布标准的顺序号，2014 表示发布标准的年号；《房屋建筑制图统一标准》GB/T 50001-2017，其中 GB/T 表示推荐性国家标准，50001 表示发布标准的顺序号，2017 表示发布标准的年号。

2. 工程建设行业标准

《标准化法》规定，对没有推荐性国家标准、需要在全国某个行业范围内统一的技术要求，可以制定行业标准。行业标准由国务院有关行政主管部门制定，报国务院标准化行政主管部门备案。

1992 年 12 月建设部发布的《工程建设行业标准管理办法》规定，对没有国家标准而需要在全国某个行业范围内统一的下列技术要求，可以制定行业标准：

（1）工程建设勘察、规划、设计、施工（包括安装）及验收等行业专用的质量要求。

（2）工程建设行业专用的有关安全、卫生和环境保护的技术要求。

（3）工程建设行业专用的术语、符号、代号、量与单位和制图方法。

（4）工程建设行业专用的试验、检验和评定等方法。

（5）工程建设行业专用的信息技术要求。

（6）其他工程建设行业专用的技术要求。

行业标准不得与国家标准相抵触。有关行业标准之间应当协调、统一、避免重复。行业标准的某些规定与国家标准不一致时，必须有充分的科学依据和理由，并经国家标准的审批部门批准。行业标准在相应的国家标准实施后，应当及时修订或废止。

3. 工程建设地方标准

《标准化法》规定，为满足地方自然条件、风俗习惯等特殊技术要求，可以制定地方标准。地方标准由省、自治区、直辖市人民政府标准化行政主管部门制定；设区的市级人民政府标准化行政主管部门根据本行政区域的特殊需要，经所在地省、自治区、直辖市人民政府标准化行政主管部门批准，可以制定本行政区域的地方标准。

4. 工程建设团体标准

《标准化法》规定，国家鼓励学会、协会、商会、联合会、产业技术联盟等社会团体协调相关市场主体共同制定满足市场和创新需要的团体标准，由本团体成员约定采用或者按照本团体的规定供社会自愿采用。制定团体标准，应当遵循开放、透明、公平的原则，保证各参与主体获取相关信息，反映各参与主体的共同需求，并组织对标准相关事项进行调查分析、实验、论证。

5. 工程建设企业标准

《标准化法》规定，企业可以根据需要自行制定企业标准，或者与其他企业联合制定企业标准。国家支持在重要行业、战略性新兴产业、关键共性技术等领域利用自主创新技术制定团体标准、企业标准。

推荐性国家标准、行业标准、地方标准、团体标准、企业标准的技术要求不得低于强制性国家标准的相关技术要求。国家鼓励社会团体、企业制定高于推荐性标准相关技术要求的团体标准、企业标准。

6.1.2 工程建设强制性标准实施的规定

制定标准的目的在于实施，否则标准将是一纸空文。《建筑法》规定，建筑活动应当确保建筑工程质量和安全，符合国家的建筑工程安全标准。

1. 工程建设各方主体实施强制性标准的法律规定

《建筑法》规定，建设单位不得以任何理由，要求建筑设计单位或者建筑施工企业在工程设计或者施工作业中，违反法律、行政法规和建筑工程质量、安全标准，降低工程质量。建筑设计单位和建筑施工企业对建设单位违反上述规定提出的降低工程质量的要求，应当予以拒绝。

建筑工程的勘察、设计单位必须对其勘察、设计的质量负责。勘察、设计文件应当符合有关法律、行政法规的规定和建筑工程质量、安全标准、建筑工程勘察、设计技术规范以及合同的约定。设计文件选用的建筑材料、建筑构配件和设备，应当注明其规格、型号、性能等技术指标，其质量要求必须符合国家规定的标准。

建筑施工企业对工程的施工质量负责。建筑施工企业必须按照工程设计图纸和施工技术标准施工，不得偷工减料。工程设计的修改由原设计单位负责，建筑施工企业不得擅自修改工程设计。建筑施工企业必须按照工程设计要求、施工技术标准和合同的约定，对建筑材料、建筑构配件和设备进行检验，不合格的不得使用。

建筑工程监理应当依照法律、行政法规及有关的技术标准、设计文件和建筑工程承包合同，对承包单位在施工质量、建设工期和建设资金使用等方面，代表建设单位实施监督。工程监理人员认为工程施工不符合工程设计要求、施工技术标准和合同约定的，有权要求建筑施工企业改正。工程监理人员发现工程设计不符合建筑工程质量标准或者合同约定的质量要求的，应当报告建设单位要求设计单位改正。

2. 工程建设强制性标准的实施管理

2021 年 3 月，住房和城乡建设部修改后发布的《实施工程建设强制性标准监督规定》

中规定，在中华人民共和国境内从事新建、扩建、改建等工程建设活动，必须执行工程建设强制性标准。国务院住房和城乡建设主管部门负责全国实施工程建设强制性标准的监督管理工作。国务院有关主管部门按照国务院的职能分工负责实施工程建设强制性标准的监督管理工作。县级以上地方人民政府住房和城乡建设主管部门负责本行政区域内实施工程建设强制性标准的监督管理工作。

工程建设标准批准部门应当对工程项目执行强制性标准情况进行监督检查。监督检查可以采取重点检查、抽查和专项检查的方式。强制性标准监督检查的内容包括：

（1）有关工程技术人员是否熟悉、掌握强制性标准。

（2）工程项目的规划、勘察、设计、施工、验收等是否符合强制性标准的规定。

（3）工程项目采用的材料、设备是否符合强制性标准的规定。

（4）工程项目的安全、质量是否符合强制性标准的规定。

（5）工程中采用的导则、指南、手册、计算机软件的内容是否符合强制性标准的规定。

6.2 施工单位的质量责任和义务

学习目标

- 了解建立健全职工教育培训制度的规定。
- 熟悉施工质量检验和返修的规定。
- 熟悉对建筑材料、设备等进行检验检测的规定。
- 掌握按照工程设计图纸和施工技术标准施工的规定。
- 掌握对施工质量负责和总分包单位的质量责任的规定。
- 能运用施工单位的质量责任和义务相关规定分析建设工程案例。

住房和城乡建设部《建筑工程五方责任主体项目负责人质量终身责任追究暂行办法》（建质〔2014〕124 号）规定，建筑工程开工建设前，建设、勘察、设计、施工、监理单位法定代表人应当签署授权书，明确本单位项目负责人。建筑工程五方责任主体项目负责人质量终身责任，是指参与新建、扩建、改建的建筑工程项目负责人按照国家法律法规和有关规定，在工程设计使用年限内对工程质量承担相应责任。

6.2.1 对施工质量负责和总分包单位的质量责任的规定

1. 施工单位对施工质量负责

《建设工程质量管理条例》规定，施工单位对建设工程的施工质量负责。施工单位应当建立质量责任制，确定工程项目的项目经理、技术负责人和施工管理负责人。

施工单位的质量责任制，是建设工程质量保证体系的一个重要组成部分，也是施工质量目标得以实现的重要保证。建立质量责任制，主要包括制订质量目标计划，建立考核标准，并层层分解落实到具体的责任单位和责任人，特别是工程项目的项目经理、技术负责人和施工管理负责人。落实质量责任制，不仅是为了在出现质量问题时可以追究责任，更重要的是通过层层落实质量责任制，做到事事有人管、人人有职责，加强对施工过程的全面质量控制，保证建设工程的施工质量。

《建筑工程五方责任主体项目负责人质量终身责任追究暂行办法》规定，施工单位项目经理应当按照经审查合格的施工图设计文件和施工技术标准进行施工，对因施工导致的工程质量事故或质量问题承担责任。

2. 总分包单位的质量责任

《建筑法》规定，建筑工程实行总承包的，工程质量由工程总承包单位负责，总承包单位将建筑工程分包给其他单位的，应当对分包工程的质量与分包单位承担连带责任。分包单位应当接受总承包单位的质量管理。

《建设工程质量管理条例》进一步规定，建设工程实行总承包的，总承包单位应当对全部建设工程质量负责；建设工程勘察、设计、施工、设备采购的一项或者多项实行总承包的，总承包单位应当对其承包的建设工程或者采购的设备的质量负责。总承包单位依法将建设工程分包给其他单位的，分包单位应当按照分包合同的约定对其分包工程的质量向总承包单位负责，总承包单位与分包单位对分包工程的质量承担连带责任。

在总分包的情况下存在着总包、分包两种合同，总承包单位和分包单位各自向合同中的对方主体负责。同时，总承包单位与分包单位对分包工程的质量还要依法承担连带责任，即分包工程发生质量问题时，建设单位或其他受害人既可以向分包单位请求赔偿，也可以向总承包单位请求赔偿；进行赔偿的一方，有权依据分包合同的约定，对不属于自己责任的那部分赔偿向对方追偿。因此，分包单位还应当接受总承包单位的质量管理。

6.2.2 按照工程设计图纸和施工技术标准施工的规定

《建筑法》规定，建筑施工企业必须按照工程设计图纸和施工技术标准施工，不得偷工减料。工程设计的修改由原设计单位负责，建筑施工企业不得擅自修改工程设计。

《建设工程质量管理条例》进一步规定，施工单位必须按照工程设计图纸和施工技术标准施工，不得擅自修改工程设计，不得偷工减料。施工单位在施工过程中发现设计文件和图纸有差错的，应当及时提出意见和建议。

按工程设计图纸施工，是保证工程实现设计意图的前提，也是明确划分设计、施工单位质量责任的前提。施工技术标准则是工程建设过程中规范施工行为的技术依据。施工单位只有按照施工技术标准，特别是强制性标准的要求施工，才能保证工程的施工质量。此外，从法律的角度来看，工程设计图纸和施工技术标准都属于合同文件的组成部分，如果施工单位不按照工程设计图纸和施工技术标准施工，则属于违约行为，应该对建设单位承担违约责任。

工程项目的设计往往涉及多个专业之间的协调配合，所以，文件和图纸的设计也可能会出现差错。这些差错通常会在图纸会审或施工过程中被逐渐发现。施工人员特别是施工管理负责人、技术负责人以及项目经理等，均为具有丰富实践经验的专业技术人员、专业管理人员，施工单位在施工过程中发现设计文件和图纸有差错的，有义务及时向建设单位或监理单位提出意见和建议，以免造成不必要的损失和质量问题。这也是其履行施工合同应尽的基本义务。

6.2.3 对建筑材料、设备等进行检验检测的规定

《建筑法》规定，建筑施工企业必须按照工程设计要求、施工技术标准和合同的约定，对建筑材料、建筑构配件和设备进行检验，不合格的不得使用。

《建设工程质量管理条例》进一步规定，施工单位必须按照工程设计要求、施工技术标准和合同约定，对建筑材料、建筑构配件、设备和商品混凝土进行检验，检验应当有书面记录和专人签字；未经检验或者检验不合格的，不得使用。

施工人员对涉及结构安全的试块、试件以及有关材料，应当在建设单位或者工程监理单位监督下现场取样，并送具有相应资质等级的质量检测单位进行检测。

1. 见证取样和送检

住房和城乡建设部 2000 年 9 月发布的《房屋建筑工程和市政基础设施工程实行见证取样和送检的规定》（建建〔2000〕211 号）中规定，见证取样和送检是指在建设单位或工程监理单位人员的见证下，由施工单位的现场试验人员对工程中涉及结构安全的试块、试件和材料在现场取样，并送至经过省级以上建设行政主管部门对其资质认可和质量技术监督部门对其计量认证的质量检测单位进行检测。涉及结构安全的试块、试件和材料见证取样和送检的比例不得低于有关技术标准中规定应取样数量的 30%。下列试块、试件和材料

必须实施见证取样和送检：

（1）用于承重结构的混凝土试块。

（2）用于承重墙体的砌筑砂浆试块。

（3）用于承重结构的钢筋及连接接头试件。

（4）用于承重墙的砖和混凝土小型砌块。

（5）用于拌制混凝土和砌筑砂浆的水泥。

（6）用于承重结构的混凝土中使用的掺加剂。

（7）地下、屋面、厕浴间使用的防水材料。

（8）国家规定必须实行见证取样和送检的其他试块、试件和材料。

见证人员应由建设单位或该工程的监理单位具备建筑施工试验知识的专业技术人员担任，并应由建设单位或该工程的监理单位书面通知施工单位、检测单位和负责该项工程的质量监督机构。

在施工过程中，见证人员应按照见证取样和送检计划，对施工现场的取样和送检进行见证，取样人员应在试样或其包装上作出标识、封志。标识和封志应标明工程名称、取样部位、取样日期、样品名称和样品数量，并由见证人员和取样人员签字。见证人员应制作见证记录，并将见证记录归入施工技术档案。见证人员和取样人员应对试样的代表性和真实性负责。

2. 工程质量检测机构的资质和检测规定

建设工程质量检测，是指在新建、扩建、改建房屋建筑和市政基础设施工程活动中，建设工程质量检测机构（以下简称检测机构）接受委托，依据国家有关法律、法规和标准，对建设工程涉及结构安全、主要使用功能的检测项目，进入施工现场的建筑材料、建筑构配件、设备，以及工程实体质量等进行的检测。

（1）检测机构资质管理。

2022 年 12 月，住房和城乡建设部修改后发布的《建设工程质量检测管理办法》规定，检测机构应当按照本办法取得建设工程质量检测机构资质（以下简称检测机构资质），并在资质许可的范围内从事建设工程质量检测活动。未取得相应资质证书的，不得承担本办法规定的建设工程质量检测业务。检测机构资质分为综合类资质、专项类资质。申请检测机构资质的单位应当是具有独立法人资格的企业、事业单位，或者依法设立的合伙企业，并具备相应的人员、仪器设备、检测场所、质量保证体系等条件。

（2）检测活动管理。

检测机构与所检测建设工程相关的建设、施工、监理单位，以及建筑材料、建筑构配件和设备供应单位不得有隶属关系或者其他利害关系。检测机构及其工作人员不得推荐或者监制建筑材料、建筑构配件和设备。

检测机构应当按照法律、法规和标准进行建设工程质量检测，并出具检测报告。检测报告经检测人员、审核人员、检测机构法定代表人或者其授权的签字人等签署，并加盖检测专用章后方可生效。检测报告中应当包括检测项目代表数量（批次）、检测依据、检测场所地址、检测数据、检测结果、见证人员单位及姓名等相关信息。非建设单位委托的检测机构出具的检测报告不得作为工程质量验收资料。

检测机构在检测过程中发现建设、施工、监理单位存在违反有关法律法规规定和工程建设强制性标准等行为，以及检测项目涉及结构安全、主要使用功能检测结果不合格的，应当及时报告建设工程所在地县级以上地方人民政府住房和城乡建设主管部门。

6.2.4 施工质量检验和返修的规定

1. 施工质量检验制度

《建设工程质量管理条例》规定，施工单位必须建立、健全施工质量的检验制度，严格工序管理，做好隐蔽工程的质量检查和记录。隐蔽工程在隐蔽前，施工单位应当通知建设单位和建设工程质量监督机构。

隐蔽工程，是指在施工过程中某一道工序所完成的工程实物被后一工序形成的工程实物所隐蔽，而且不可以逆向作业的那部分工程。例如，钢筋混凝土工程施工中，钢筋为混凝土所覆盖，前者即为隐蔽工程。由于隐蔽工程被后续工序覆盖后，其施工质量就很难检验及认定，因此，在隐蔽工程被覆盖前，施工单位除了要做好检查、检验并做好记录，还应当及时通知建设单位（实施监理的工程为监理单位）和建设工程质量监督机构，以接受政府监督和向建设单位提供质量保证。

2. 建设工程的返修

《民法典》规定，因施工人的原因致使建设工程质量不符合约定的，发包人有权请求施工人在合理期限内无偿修理或者返工、改建。《建设工程质量管理条例》进一步规定，施工单位对施工中出现质量问题的建设工程或者竣工验收不合格的建设工程，应当负责返修。

返修是施工单位的法定义务。返修包括施工过程中出现质量问题的建设工程和竣工验收不合格的建设工程两种情形。不论是施工过程中出现质量问题的建设工程，还是竣工验收时发现质量问题的建设工程，施工单位都要负责返修。对于非施工单位原因造成的质量问题，施工单位也应当负责返修，但是因此而造成的损失及返修费用由责任方负责。

6.2.5 建立健全职工教育培训制度的规定

《建设工程质量管理条例》规定，施工单位应当建立、健全教育培训制度，加强对职工的教育培训；未经教育培训或者考核不合格的人员，不得上岗作业。

导入案例解析一

施工单位的教育培训通常包括各类质量教育和岗位技能培训等。先培训、后上岗，是对施工单位的职工教育的基本要求。特别是与质量工作有关的人员，如总工程师、项目经理、质量体系内审员、质量检查员、施工人员、材料试验及检测人员，关键技术工种，如焊工、钢筋工、混凝土工等，未经培训或者培训考核不合格的人员，不得上岗工作或作业。

6.3 建设单位及相关单位的质量责任和义务

学习目标

- 了解政府部门工程质量监督管理的相关规定。
- 熟悉勘察、设计单位相关的质量责任和义务。
- 熟悉工程监理单位相关的质量责任和义务。
- 掌握建设单位相关的质量责任和义务。
- 能运用建设单位及相关单位的质量责任和义务等相关规定分析建设工程案例。

《建筑工程五方责任主体项目负责人质量终身责任追究暂行办法》规定，建筑工程五方责任主体项目负责人是指承担建筑工程项目建设的建设单位项目负责人、勘察单位项目负责人、设计单位项目负责人、施工单位项目经理、监理单位总监理工程师。

6.3.1 建设单位相关的质量责任和义务

建设单位作为建设工程的投资人，在整个建设活动中处于主导地位，是建设工程的重要责任主体。为确保建设工程的质量，必须规范建设单位的行为，明确其质量责任。

1. 依法发包工程

《建设工程质量管理条例》规定，建设单位应当将工程发包给具有相应资质等级的单位。建设单位不得将建设工程肢解发包。建设单位应当依法对工程建设项目的勘察、设计、施工、监理以及与工程建设有关的重要设备、材料等的采购进行招标。

《建筑工程五方责任主体项目负责人质量终身责任追究暂行办法》规定，建设单位项目负责人对工程质量承担全面责任，不得违法发包、肢解发包，不得以任何理由要求勘察、设计、施工、监理单位违反法律法规和工程建设标准，降低工程质量，其违法违规或不当行为造成工程质量事故或质量问题应当承担责任。

2. 依法提供原始资料

《建设工程质量管理条例》规定，建设单位必须向有关的勘察、设计、施工、工程监理等单位提供与建设工程有关的原始资料。原始资料必须真实、准确、齐全。

原始资料是工程勘察、设计、施工、监理等单位赖以进行相关工程建设的基础性材料。建设单位作为建设活动的总负责方，向有关单位提供原始资料，以及施工地段地下管线现状资料，并保证这些资料的真实、准确、齐全，是其基本的质量责任和义务。

3. 限制不合理的干预行为

《建筑法》规定，建设单位不得以任何理由，要求建筑设计单位或者建筑施工企业在工程设计或者施工作业中，违反法律、行政法规和建筑工程质量、安全标准，降低工程质量。

《建设工程质量管理条例》进一步规定，建设工程发包单位不得迫使承包方以低于成本的价格竞标，不得任意压缩合理工期。建设单位不得明示或者暗示设计单位或者施工单位违反工程建设强制性标准，降低建设工程质量。

成本是构成价格的主要部分，是承包方估算投标价格的依据和经济底线。如果建设单位迫使承包方以低于成本的价格中标，势必会导致中标单位在承包工程后，为了减少开支、降低成本而采取偷工减料、以次充好、粗制滥造等手段，最终导致建设工程出现质量问题，影响投资效益的发挥。

建设单位也不得任意压缩合理工期。因为，合理工期是指在正常建设条件下，采取科学合理的施工工艺和管理方法，以现行的工期定额为基础，结合工程项目建设的实际，经合理测算和平等协商而确定的使参与各方均获满意的经济效益的工期。如果盲目要求赶工期，势必会简化工序，不按规程操作，从而导致建设工程出现质量等诸多问题。

建设单位更不得以任何理由，诸如建设资金不足、工期紧等，违反强制性标准的规定，要求设计单位降低设计标准，或者要求施工单位采用建设单位采购的不合格材料、设备等。因为，强制性标准是保证建设工程结构安全可靠的基础性要求，违反了这类标准，必然会给建设工程带来重大质量隐患。

4. 依法报审施工图设计文件

《建设工程质量管理条例》规定，施工图设计文件未经审查批准的，不得使用。

2018 年 12 月，住房和城乡建设部修改后发布的《房屋建筑和市政基础设施工程施工图设计文件审查管理办法》规定，建设单位应当向审查机构提供下列资料并对所提供资料的真实性负责：

（1）作为勘察、设计依据的政府有关部门的批准文件及附件。

（2）全套施工图。

（3）其他应当提交的材料。

5. 依法实行工程监理

《建设工程质量管理条例》规定，实行监理的建设工程，建设单位应当委托具有相应资质等级的工程监理单位进行监理，也可以委托具有工程监理相应资质等级并与被监理工程的施工承包单位没有隶属关系或者其他利害关系的该工程的设计单位进行监理。下列建设工程必须实行监理：

（1）国家重点建设工程。

（2）大中型公用事业工程。

（3）成片开发建设的住宅小区工程。

（4）利用外国政府或者国际组织贷款、援助资金的工程。

（5）国家规定必须实行监理的其他工程。

6. 依法办理工程质量监督手续

《建设工程质量管理条例》规定，建设单位在开工前，应当按照国家有关规定办理工程质量监督手续，工程质量监督手续可以与施工许可证或者开工报告合并办理。

7. 依法保证建筑材料等符合要求

《建设工程质量管理条例》规定，按照合同约定，由建设单位采购建筑材料、建筑构配件和设备的，建设单位应当保证建筑材料、建筑构配件和设备符合设计文件和合同要求。建设单位不得明示或者暗示施工单位使用不合格的建筑材料、建筑构配件和设备。

8. 依法进行装修工程

《建设工程质量管理条例》规定，涉及建筑主体和承重结构变动的装修工程，建设单位应当在施工前委托原设计单位或者具有相应资质等级的设计单位提出设计方案；没有设计方案的，不得施工。房屋建筑使用者在装修过程中，不得擅自变动房屋建筑主体和承重结构。

6.3.2 勘察、设计单位相关的质量责任和义务

《建筑法》规定，建筑工程的勘察、设计单位必须对其勘察、设计的质量负责。勘察、设计文件应当符合有关法律、行政法规的规定和建筑工程质量、安全标准、建筑工程勘察、设计技术规范以及合同的约定。

1. 依法承揽勘察、设计业务

《建设工程质量管理条例》规定，从事建设工程勘察、设计的单位应当依法取得相应等级的资质证书，并在其资质等级许可的范围内承揽工程。禁止勘察、设计单位超越其资质等级许可的范围或者以其他勘察、设计单位的名义承揽工程。禁止勘察、设计单位允许其他单位或者个人以本单位的名义承揽工程。勘察、设计单位不得转包或者违法分包所承揽的工程。

2. 勘察、设计必须执行强制性标准

《建设工程质量管理条例》规定，勘察、设计单位必须按照工程建设强制性标准进行勘察、设计，并对其勘察、设计的质量负责。注册建筑师、注册结构工程师等注册执业人员应当在设计文件上签字，对设计文件负责。

《建筑工程五方责任主体项目负责人质量终身责任追究暂行办法》进一步规定，勘察、设计单位项目负责人应当保证勘察设计文件符合法律法规和工程建设强制性标准的要求，对因勘察、设计导致的工程质量事故或质量问题承担责任。

3. 勘察单位提供的勘察成果必须真实、准确

《建设工程质量管理条例》规定，勘察单位提供的地质、测量、水文等勘察成果必须真实、准确。

工程勘察是工程建设的基础性工作。工程勘察成果文件是设计和施工的基础资料和重要依据，其真实准确与否直接影响到设计、施工质量。因而，工程勘察成果必须真实准确、安全可靠。

4. 设计文件应符合设计依据和设计深度要求

《建设工程质量管理条例》规定，设计单位应当根据勘察成果文件进行建设工程设计。设计文件应当符合国家规定的设计深度要求，注明工程合理使用年限。

5. 依法规范设计单位对建筑材料等的选用

《建筑法》规定，设计文件选用的建筑材料、建筑构配件和设备，应当注明其规格、型号、性能等技术指标，其质量要求必须符合国家规定的标准。建筑设计单位对设计文件选用的建筑材料、建筑构配件和设备，不得指定生产厂、供应商。

6. 依法对设计文件进行技术交底

《建设工程质量管理条例》规定，设计单位应当就审查合格的施工图设计文件向施工单位作出详细说明。

设计文件的技术交底，是指设计单位将设计意图、特殊工艺要求，以及建筑、结构设备等各专业在施工中的难点、疑点和容易发生的问题等向施工单位作详细说明，并负责解释施工单位对设计图纸的疑问。对设计文件进行技术交底是设计单位的重要义务，对确保工程质量有重要的意义。

7. 依法参与建设工程质量事故分析

《建设工程质量管理条例》规定，设计单位应当参与建设工程质量事故分析，并对因设计造成的质量事故，提出相应的技术处理方案。

工程质量的好坏，在一定程度上就取决于工程建设是否准确贯彻了设计意图。因此，一旦发生了质量事故，该工程的设计单位最有可能在短时间内发现存在的问题，对事故的分析具有权威性，也有利于及时进行事故处理。对因设计造成的质量事故，原设计单位必须提出相应的技术处理方案，这是设计单位的法定义务。

6.3.3 工程监理单位相关的质量责任和义务

工程监理单位受建设单位的委托，对建设工程进行管理，是建设工程质量的责任主体之一。

1. 依法承担工程监理业务

《建设工程质量管理条例》规定，工程监理单位应当依法取得相应等级的资质证书，并在其资质等级许可的范围内承担工程监理业务。禁止工程监理单位超越本单位资质等级许可的范围或者以其他工程监理单位的名义承担工程监理业务。禁止工程监理单位允许其他单位或者个人以本单位的名义承担工程监理业务。工程监理单位不得转让工程监理业务。

2. 对有隶属关系或其他利害关系的回避

《建设工程质量管理条例》规定，工程监理单位与被监理工程的施工承包单位以及建筑材料、建筑构配件和设备供应单位有隶属关系或者其他利害关系的，不得承担该项建设工程的监理业务。

3. 监理工作的依据和监理责任

《建设工程质量管理条例》规定，工程监理单位应当依照法律、法规以及有关技术标准、设计文件和建设工程承包合同，代表建设单位对施工质量实施监理，并对施工质量承担监理责任。

监理工作的主要依据如下：

（1）法律、法规。如《民法典》《建筑法》《建设工程质量管理条例》等。

（2）有关技术标准。如工程建设强制性标准以及建设工程承包合同中确认采用的推荐性标准等。

（3）设计文件。施工图设计等设计文件既是施工的依据，也是监理单位对施工活动进行监督管理的依据。

（4）建设工程承包合同。监理单位据此监督施工单位是否全面履行合同约定的义务。

监理单位对施工质量承担监理责任，包括违约责任和违法责任两个方面：

（1）违约责任。如果监理单位不按照监理合同约定履行监理义务，给建设单位或其他单位造成损失的，应当承担相应的赔偿责任。

（2）违法责任。如果监理单位违法监理，或者降低工程质量标准，造成质量事故的，要承担相应的法律责任。

4. 工程监理的职责和权限

《建设工程质量管理条例》规定，工程监理单位应当选派具备相应资格的总监理工程师和监理工程师进驻施工现场。未经监理工程师签字，建筑材料、建筑构配件和设备不得在工程上使用或者安装，施工单位不得进行下一道工序的施工。未经总监理工程师签字，建设单位不拨付工程款，不进行竣工验收。

5. 工程监理的形式

《建设工程质量管理条例》规定，监理工程师应当按照工程监理规范的要求，采取旁站、巡视和平行检验等形式，对建设工程实施监理。

所谓旁站，是指对工程中有关地基和结构安全的关键工序和关键施工过程，进行连续不断的监督检查或检验的监理活动，有时甚至要连续跟班监理。所谓巡视，主要是强调除了关键点的质量控制，监理工程师还应对施工现场进行面上的巡查监理。所谓平行检验，主要是强调监理单位对施工单位已经检验过的工程应及时进行检验。对于关键性、较大体量的工程实物，采取分段后平行检验的方式，有利于及时发现质量问题，及时采取措施予以纠正。

6.3.4 政府部门工程质量监督管理的相关规定

《建设工程质量管理条例》规定，国家实行建设工程质量监督管理制度。

1. 我国的建设工程质量监督管理体制

《建设工程质量管理条例》规定，国务院建设行政主管部门对全国的建设工程质量实施统一监督管理。国务院铁路、交通、水利等有关部门按照国务院规定的职责分工，负责对全国的有关专业建设工程质量的监督管理。

县级以上地方人民政府建设行政主管部门对本行政区域内的建设工程质量实施监督管理。县级以上地方人民政府交通、水利等有关部门在各自的职责范围内，负责对本行政区域内的专业建设工程质量的监督管理。

国务院发展计划部门按照国务院规定的职责，组织稽查特派员，对国家出资的重大建设项目实施监督检查。国务院经济贸易主管部门按照国务院规定的职责，对国家重大技术改造项目实施监督检查。

从事房屋建筑工程和市政基础设施工程质量监督的机构，必须按照国家有关规定经国务院建设行政主管部门或者省、自治区、直辖市人民政府建设行政主管部门考核；从事专业建设工程质量监督的机构，必须按照国家有关规定经国务院有关部门或者省、自治区、直辖市人民政府有关部门考核。经考核合格后，方可实施质量监督。

任何单位和个人对建设工程的质量事故、质量缺陷都有权检举、控告、投诉。

2. 政府监督检查的内容和有权采取的措施

《建设工程质量管理条例》规定，国务院建设行政主管部门和国务院铁路、交通、水利等有关部门应当加强对有关建设工程质量的法律、法规和强制性标准执行情况的监督检查。

县级以上人民政府建设行政主管部门和其他有关部门履行监督检查职责时，有权采取下列措施：

（1）要求被检查的单位提供有关工程质量的文件和资料。

（2）进入被检查单位的施工现场进行检查。

（3）发现有影响工程质量的问题时，责令改正。

有关单位和个人对县级以上人民政府建设行政主管部门和其他有关部门进行的监督检查应当支持与配合，不得拒绝或者阻碍建设工程质量监督检查人员依法执行职务。

3. 禁止滥用权力的行为

《建设工程质量管理条例》规定，供水、供电、供气、公安消防等部门或者单位不得明示或者暗示建设单位、施工单位购买其指定的生产供应单位的建筑材料、建筑构配件和设备。

4. 建设工程质量事故报告制度

《建设工程质量管理条例》规定，建设工程发生质量事故，有关单位应当在 24 小时内向当地建设行政主管部门和其他有关部门报告。对重大质量事故，事故发生地的建设行政主管部门和其他有关部门应当按照事故类别和等级向当地人民政府和上级建设行政主管部门及其他有关部门报告。特别重大质量事故的调查程序按照国务院有关规定办理。

导入案例解析二

6.4 建设工程竣工验收制度

学习目标

- 了解施工单位应提交的档案资料。
- 熟悉建设工程竣工验收的程序。
- 熟悉建设工程竣工验收报告备案的规定。
- 掌握竣工验收的主体和法定条件。
- 能运用建设工程竣工验收制度分析建设工程案例。

建设工程竣工验收，是全面考核建设工作，检查其是否符合设计要求和工程质量的重要环节，对促进建设工程及时投产，发挥投资效果，总结建设经验有重要作用。《建筑法》规定，建筑工程竣工经验收合格后，方可交付使用；未经验收或者验收不合格的，不得交付使用。

6.4.1 竣工验收的主体和法定条件

1. 建设工程竣工验收的主体

《建设工程质量管理条例》规定，建设单位收到建设工程竣工报告后，应当组织设计、施工、工程监理等有关单位进行竣工验收。

对工程进行竣工检查和验收，是建设单位法定的权利和义务。在建设工程完工后，承包单位应当向建设单位提供完整的竣工资料和竣工验收报告，提请建设单位组织竣工验收。建设单位收到竣工验收报告后，应及时组织有设计、施工、工程监理等有关单位参加的竣工验收，检查整个工程项目是否已按照设计要求和合同约定全部建设完成，并符合竣工验收条件。

2. 竣工验收应当具备的法定条件

《建筑法》规定，交付竣工验收的建筑工程，必须符合规定的建筑工程质量标准，有完整的工程技术经济资料和经签署的工程保修书，并具备国家规定的其他竣工条件。

《建设工程质量管理条例》规定，建设工程竣工验收应当具备下列条件：

（1）完成建设工程设计和合同约定的各项内容。

建设工程设计和合同约定的内容，主要是指设计文件所确定的以及承包合同“承包人承揽工程项目一览表”中载明的工作范围，也包括监理工程师签发的变更通知单中所确定的工作内容。

（2）有完整的技术档案和施工管理资料。

《建设工程文件归档规范》（GB/T 50328-2019）规定，建设工程档案的验收应纳入建设工程竣工联合验收环节。

工程技术档案和施工管理资料是工程竣工验收和质量保证的重要依据之一，主要包括以下档案和资料：1）工程项目竣工验收报告；2）分项、分部工程和单位工程技术人员名单；3）图纸会审和技术交底记录；4）设计变更通知单、技术变更核实单；5）工程质量事故发生后的调查和处理资料；6）隐蔽工程验收记录及施工日志；7）竣工图；8）质量检验评定资料；9）合同约定的其他资料。

（3）有工程使用的主要建筑材料、建筑构配件和设备的进场试验报告。

建设工程使用的主要建筑材料、建筑构配件和设备，除须具有质量合格证明资料外，还应当有进场试验、检验报告，其质量要求必须符合国家规定的标准。

（4）有勘察、设计、施工、工程监理等单位分别签署的质量合格文件。

勘察、设计、施工、工程监理等有关单位要依据工程设计文件及承包合同所要求的质量标准，对竣工工程进行检查评定；符合规定的，应当签署合格文件。

（5）有施工单位签署的工程保修书。

施工单位同建设单位签署的工程保修书，也是交付竣工验收的条件之一。凡是没有经过竣工验收或者经过竣工验收确定为不合格的建设工程，不得交付使用。如果建设单位为提前获得投资效益，将未经验收的工程提前投产或使用，由此而引发的质量等问题，建设单位要承担相应的质量责任。

6.4.2 建设工程竣工验收的程序

《建筑工程施工质量验收统一标准》（GB 50300-2013）规定，单位工程完工后，施工单位应组织有关人员进行自检。总监理工程师应组织各专业监理工程师对工程质量进行竣工预验收。存在施工质量问题时，应由施工单位整改。整改完毕后，由施工单位向建设单位提交工程竣工报告，申请工程竣工验收。

2013 年 12 月，住房和城乡建设部发布的《房屋建筑和市政基础设施工程竣工验收规定》中规定，工程竣工验收应当按以下程序进行：

（1）工程完工后，施工单位向建设单位提交工程竣工报告，申请工程竣工验收。实行监理的工程，工程竣工报告须经总监理工程师签署意见。

（2）建设单位收到工程竣工报告后，对符合竣工验收要求的工程，组织勘察、设计、施工、监理等单位组成验收组，制定验收方案。对于重大工程和技术复杂工程，根据需要可邀请有关专家参加验收组。

（3）建设单位应当在工程竣工验收 7 个工作日前将验收的时间、地点及验收组名单书面通知负责监督该工程的工程质量监督机构。

（4）建设单位组织工程竣工验收。

1）建设、勘察、设计、施工、监理单位分别汇报工程合同履约情况和在工程建设各个环节执行法律、法规和工程建设强制性标准的情况。

2）审阅建设、勘察、设计、施工、监理单位的工程档案资料。

3）实地查验工程质量。

4）对工程勘察、设计、施工、设备安装质量和各管理环节等方面作出全面评价，形成经验收组人员签署的工程竣工验收意见。

参与工程竣工验收的建设、勘察、设计、施工、监理等各方不能形成一致意见时，应当协商提出解决的方法，待意见一致后，重新组织工程竣工验收。

工程竣工验收合格后，建设单位应当及时提出工程竣工验收报告。工程竣工验收报告主要包括工程概况，建设单位执行基本建设程序情况，对工程勘察、设计、施工、监理等方面的评价，工程竣工验收时间、程序、内容和组织形式，工程竣工验收意见等内容。

6.4.3 施工单位应提交的档案资料

《建设工程质量管理条例》规定，建设单位应当严格按照国家有关档案管理的规定，及时收集、整理建设项目各环节的文件资料，建立、健全建设项目档案，并在建设工程竣工验收后，及时向建设行政主管部门或者其他有关部门移交建设项目档案。

2019 年 3 月，住房和城乡建设部修改后发布的《城市建设档案管理规定》中规定，建设单位应当在工程竣工验收后三个月内，向城建档案馆报送一套符合规定的建设工程档案。凡建设工程档案不齐全的，应当限期补充。对改建、扩建和重要部位维修的工程，建设单位应当组织设计、施工单位据实修改、补充和完善原建设工程档案。

《建设工程文件归档规范》（GB/T 50328-2019）规定，勘察、设计、施工、监理等单位应将本单位形成的工程文件立卷后向建设单位移交。

建设工程项目实行总承包管理的，总包单位应负责收集、汇总各分包单位形成的工程档案，并应及时向建设单位移交；各分包单位应将本单位形成的工程文件整理、立卷后及时移交总包单位。建设工程项目由几个单位承包的，各承包单位应负责收集、整理立卷其承包项目的工程文件，并应及时向建设单位移交。

每项建设工程应编制一套电子档案，随纸质档案一并移交城建档案管理机构。电子档案签署了具有法律效力的电子印章或电子签名的，可不移交相应纸质档案。

6.4.4 建设工程竣工验收报告备案的规定

《建设工程质量管理条例》规定，建设单位应当自建设工程竣工验收合格之日起 15 日内，将建设工程竣工验收报告和规划、公安消防、环保等部门出具的认可文件或者准许使用文件报建设行政主管部门或者其他有关部门备案。

1. 竣工验收备案的时间及须提交的文件

2009 年 10 月住房和城乡建设部修改后发布的《房屋建筑和市政基础设施工程竣工验收备案管理办法》规定，建设单位应当自工程竣工验收合格之日起 15 日内，依照该办法规定，向工程所在地的县级以上地方人民政府建设主管部门备案。

建设单位办理工程竣工验收备案应当提交下列文件：

（1）工程竣工验收备案表。

（2）工程竣工验收报告。竣工验收报告应当包括工程报建日期，施工许可证号，施工图设计文件审查意见，勘察、设计、施工、工程监理等单位分别签署的质量合格文件及验收人员签署的竣工验收原始文件，市政基础设施的有关质量检测和功能性试验资料以及备案机关认为需要提供的有关资料。

（3）法律、行政法规规定应当由规划、环保等部门出具的认可文件或者准许使用文件。

（4）法律规定应当由公安消防部门出具的对大型的人员密集场所和其他特殊建设工程验收合格的证明文件。

（5）施工单位签署的工程质量保修书。

（6）法规、规章规定必须提供的其他文件。

住宅工程还应当提交《住宅质量保证书》和《住宅使用说明书》。

2019年3月，住房和城乡建设部修改后发布的《城市地下管线工程档案管理办法》规定，建设单位在地下管线工程竣工验收备案前，应当向城建档案管理机构移交下列档案资料：

（1）地下管线工程项目准备阶段文件、监理文件、施工文件、竣工验收文件和竣工图。

（2）地下管线竣工测量成果。

（3）其他应当归档的文件资料（电子文件、工程照片、录像等）。

城市供水、排水、燃气、热力、电力、电信等地下管线专业管理单位应当及时向城建档案管理机构移交地下专业管线图。

2. 竣工验收备案文件的签收和处理

《房屋建筑和市政基础设施工程竣工验收备案管理办法》规定，备案机关收到建设单位报送的竣工验收备案文件，验证文件齐全后，应当在工程竣工验收备案表上签署文件收讫。

工程竣工验收备案表一式两份，一份由建设单位保存，一份留备案机关存档。

工程质量监督机构应当在工程竣工验收之日起5日内，向备案机关提交工程质量监督报告。

备案机关发现建设单位在竣工验收过程中有违反国家有关建设工程质量管理规定行为的，应当在收讫竣工验收备案文件15日内，责令停止使用，重新组织竣工验收。

6.5 建设工程质量保修制度

学习目标

- 熟悉质量责任的损失赔偿。
- 掌握质量保修书和最低保修期限的规定。
- 能运用建设工程质量保修制度分析建设工程案例。

《建筑法》规定，建筑工程实行质量保修制度。

建设工程质量保修制度是指建设工程竣工经验收后，在规定的保修期限内，因勘察、设计、施工、材料等原因造成的质量缺陷，应当由施工承包单位负责维修、返工或更换，由责任单位负责赔偿损失的法律制度。

6.5.1 质量保修书和最低保修期限的规定

1. 建设工程质量保修书

《建设工程质量管理条例》规定，建设工程承包单位在向建设单位提交工程竣工验收报告时，应当向建设单位出具质量保修书。质量保修书中应当明确建设工程的保修范围、保修期限和保修责任等。

（1）质量保修范围。

《建筑法》规定，建筑工程的保修范围应当包括地基基础工程、主体结构工程、屋面防水工程和其他土建工程，以及电气管线、上下水管线的安装工程，供热、供冷系统工程等项目。

（2）质量保修期限。

《建筑法》规定，保修的期限应当按照保证建筑物合理寿命年限内正常使用，维护使用者合法权益的原则确定。

（3）质量保修责任。

施工单位在质量保修书中，应当向建设单位承诺保修范围、保修期限和具体实施保修的措施，如保修的方法、人员及其联络办法，保修答复和处理时限，不履行保修责任的罚则等。

需要注意的是，施工单位在建设工程质量保修书中，应当对建设单位合理使用建设工程有所提示。如果是因建设单位或者用户使用不当或擅自改动结构、设备位置以及不当装修等造成质量问题的，施工单位不承担保修责任；由此而造成的质量受损或者其他用户损失，应当由责任人承担相应的责任。

2. 建设工程质量的最低保修期限

《建设工程质量管理条例》规定，在正常使用条件下，建设工程的最低保修期限为：

（1）基础设施工程、房屋建筑的地基基础工程和主体结构工程，为设计文件规定的该工程的合理使用年限。

（2）屋面防水工程、有防水要求的卫生间、房间和外墙面的防渗漏，为 5 年。

（3）供热与供冷系统，为 2 个采暖期、供冷期。

（4）电气管线、给排水管道、设备安装和装修工程，为 2 年。

其他项目的保修期限由发包方与承包方约定。

建设工程的保修期，自竣工验收合格之日起计算。

6.5.2 质量责任的损失赔偿

《建设工程质量管理条例》规定，建设工程在保修范围和保修期限内发生质量问题的，施工单位应当履行保修义务，并对造成的损失承担赔偿责任。

1. 保修义务的责任落实与损失赔偿责任的承担

2020 年 12 月，由最高人民法院审判委员会第 1825 次会议通过的《最高人民法院关于审理建设工程施工合同纠纷案件适用法律问题的解释（一）》规定，因保修人未及时履行保修义务，导致建筑物毁损或者造成人身损害、财产损失的，保修人应当承担赔偿责任。保修人与建筑物所有人或者发包人对建筑物毁损均有过错的，各自承担相应的责任。

发包人具有下列情形之一，造成建设工程质量缺陷，应当承担过错责任：

（1）提供的设计有缺陷。

（2）提供或者指定购买的建筑材料、建筑构配件、设备不符合强制性标准。

（3）直接指定分包人分包专业工程。

承包人有过错的，也应当承担相应的过错责任。

2. 建设工程质量保证金

2017 年 6 月，住房和城乡建设部、财政部修订后发布的《建设工程质量保证金管理办法》（建质〔2017〕138 号）规定，建设工程质量保证金是指发包人与承包人在建设工程承包合同中约定，从应付的工程款中预留，用以保证承包人在缺陷责任期内对建设工程出现的缺陷进行维修的资金。

（1）缺陷责任期的确定。

缺陷是指建设工程质量不符合工程建设强制性标准、设计文件，以及承包合同的约定。

缺陷责任期一般为 1 年，最长不超过 2 年，由发、承包双方在合同中约定。

缺陷责任期从工程通过竣工验收之日起计。由于承包人原因导致工程无法按规定期限进行竣工验收的，缺陷责任期从实际通过竣工验收之日起计。由于发包人原因导致工程无法按规定期限进行竣工验收的，在承包人提交竣工验收报告 90 天后，工程自动进入缺陷责任期。

（2）质量保证金的预留与使用管理。

缺陷责任期内，实行国库集中支付的政府投资项目，保证金的管理应按国库集中支付的有关规定执行。其他政府投资项目，保证金可以预留在财政部门或发包方。缺陷责任期内，如发包方被撤销，保证金随交付使用资产一并移交使用单位管理，由使用单位代行发包人职责。

社会投资项目采用预留保证金方式的，发、承包双方可以约定将保证金交由第三方金融机构托管。推行银行保函制度，承包人可以银行保函替代预留保证金。

在工程项目竣工前，已经缴纳履约保证金的，发包人不得同时预留工程质量保证金。采用工程质量保证担保、工程质量保险等其他保证方式的，发包人不得再预留保证金。

发包人应按照合同约定方式预留保证金，保证金总预留比例不得高于工程价款结算总额的3%。合同约定由承包人以银行保函替代预留保证金的，保函金额不得高于工程价款结算总额的3%。

缺陷责任期内，由承包人原因造成的缺陷，承包人应负责维修，并承担鉴定及维修费用。如承包人不维修也不承担费用，发包人可按合同约定从保证金或银行保函中扣除，费用超出保证金额的，发包人可按合同约定向承包人进行索赔。承包人维修并承担相应费用后，不免除对工程的损失赔偿责任。由他人原因造成的缺陷，发包人负责组织维修，承包人不承担费用，且发包人不得从保证金中扣除费用。

（3）质量保证金的返还。

缺陷责任期内，承包人认真履行合同约定的责任，到期后，承包人向发包人申请返还保证金。发包人在接到承包人返还保证金申请后，应于14天内会同承包人按照合同约定的内容进行核实。如无异议，发包人应当按照约定将保证金返还给承包人。对返还期限没有约定或者约定不明确的，发包人应当在核实后14天内将保证金返还承包人，逾期未返还的，依法承担违约责任。发包人在接到承包人返还保证金申请后14天内不予答复，经催告后14天内仍不予答复，视同认可承包人的返还保证金申请。

技能检测

一、单选题

1. 下列关于建设工程质量保修期限的说法，正确的是（　　）。

A. 地基基础工程的主体结构的保修期不低于50年

B. 建设单位与施工企业在保修合同中约定的保修期限应当高于法定的最低保修期限

C. 建设工程的法定保修期限为其最低保修期限

D. 建设工程超过主体结构保修期的，不得继续使用

2. 根据《城市建设档案管理规定》，建设单位应当在工程竣工验收后（　　）个月内，向城建档案馆报送符合规定的建设工程档案。

A. 1　　B. 6　　C. 12　　D. 3

3. 根据《建设工程质量管理条例》，组织有关单位参加建设工程竣工验收的义务主体是（　　）。

A. 监理单位　　B. 施工企业

C. 建设单位　　D. 建设工程质量监督机构

4. 施工企业在施工过程中发现设计文件和图纸有差错的，应当（　　）。

A. 及时提出意见和建议

B. 继续按照设计文件和图纸进行施工

C. 由施工企业技术负责人按照技术标准修改设计文件和图纸

D. 按照通常做法施工

5. 关于工程质量检测的说法，正确的是（　　）。

A. 检测人员、检测机构法定代表人或其授权签字人都必须在检测报告上签字

B. 检测机构是具有独立法人资格的非营利中介机构

C. 检测机构不得与建设单位有隶属关系

D. 检测人员可以同时受聘于两个或两个以上的检测机构

6. 根据《房屋建筑工程和市政基础设施工程实行见证取样和送检的规定》，涉及结构安全的试块、试件和材料见证取样和送检的最低比例是有关技术标准中规定应取样数量的（　　）。

A. 20%　　B. 30%　　C. 25%　　D. 40%

7. 关于工程建设国家标准的说法，正确的是（　　）。

A. 工程建设强制性国家标准的立项由国务院标准化行政主管部门负责

B. 工程建设推荐性国家标准由国务院建设行政主管部门制定

C. 工程建设强制性标准包括地方标准

D. 工程建设强制性国家标准只能由国务院批准发布

8. 关于总分包单位的质量责任的说法，正确的是（　　）。

A. 分包工程质量由分包单位自行向建设单位负责

B. 分包单位应当接受总承包单位的质量管理

C. 总承包单位与分包单位对分包工程的质量各自向建设单位承担相应的责任

D. 分包工程发生质量问题，建设单位只能向总承包单位请求赔偿

9. 关于施工单位施工质量检验和返修的说法，正确的是（　　）。

A. 隐蔽工程在隐蔽前，应当通知建设单位和勘察、设计单位

B. 建设工程竣工验收不合格的，施工单位应当负责返修

C. 因建设单位原因导致工程质量缺陷的，施工单位应当无偿修复

D. 因修复工程质量缺陷造成逾期交付的，施工单位均应承担违约责任

10. 根据《房屋建筑工程和市政基础设施工程实行见证取样和送检的规定》，必须实施见证取样和送检的试块、试件或材料，不包括（　　）。

A. 用于非承重结构的钢筋连接接头试件

B. 地下使用的防水材料

C. 用于砌筑砂浆的水泥

D. 用于承重结构的混凝土中使用的掺加剂

二、多选题

1. 建设工程竣工验收应当具备的条件有（　　）。

A. 已经办理工程竣工资料归档手续

B. 有完整的技术档案和施工管理资料

C. 有施工企业签署的工程保修书

D. 有工程使用的主要建筑材料的进场试验报告

E. 有勘察、设计、施工、工程监理等单位分别签署的质量合格文件

2. 建设工程承包单位应当向建设单位出具质量保修书，其内容包括建设工程的（　　）。

A. 工程简况和施工管理要求　　B. 保修范围

C. 保修期限　　D 超过合理使用年限继续使用的条件

E. 保修责任

3. 根据《建设工程质量保证金管理办法》，下列关于缺陷责任期确定的说法，正确的有（　　）。

A. 缺陷责任期一般为 1 年，最长不超过 2 年

B. 缺陷责任期从工程通过竣工验收之日起计

C. 由于承包人原因导致工程无法按规定期限进行竣工验收的，缺陷责任期从实际通过竣工验收之日起计

D. 由于发包人原因导致工程无法按规定期限进行竣工验收的，在承包人提交竣工验收报告 90 天后，工程自动进入缺陷责任期

E. 缺陷责任期的期限由法律直接规定

4. 下列关于建设工程保修义务和损失赔偿责任的说法，正确的是（　　）。

A. 施工企业未按照设计要求施工造成的质量缺陷，由施工企业负责返修并承担赔偿责任

B. 因设计问题造成的质量缺陷，施工企业先负责维修，其赔偿责任由施工企业向设计单位索赔

C. 因建筑材料不合格引起的质量缺陷，如属施工企业采购的，由施工企业负责维修并承担赔偿责任

D. 因监理单位错误管理造成的质量缺陷，先由施工企业负责维修，其赔偿责任由施工企业向监理单位索赔

E. 因使用单位使用不当造成的损坏问题，先由施工企业负责维修，其损失由使用单位自行承担

5. 在正常条件下，下列关于建设工程各保障项目法定最低保修期限的说法，正确的有（　　）。

A. 屋面防水工程为 5 年

B. 给排水管道为 2 年

C. 供热与供冷系统为 2 个采暖期、供冷期

D. 基础设施工程为设计文件规定的该工程的合理使用年限

E. 设备安装和装修工程为 5 年

三、案例分析题

某办公楼工程，建筑面积为 2 400m^2，地下一层，地上十二层，筏板基础，钢筋混凝土框架结构，砌筑工程采用蒸压灰砂砖砌体。建设单位依据招投标程序选定了监理单位及施工总承包单位，并约定部分工作允许施工总承包单位自行分包。

工程完工后，施工总承包单位自检合格，再由专业监理工程师组织了竣工预验收。根据预验收所提出问题施工单位整改完毕，总监理工程师及时向建设单位申请工程竣工验收，建设单位认为程序不妥拒绝验收。

项目通过竣工验收后，建设单位、监理单位、设计单位、勘察单位、施工总承包单位与分包单位会商竣工资料移交方式，建设单位要求各参建单位分别向监理单位移交资料，监理单位收集齐全后统一向城建档案馆移交。监理单位以不符合程序为由拒绝。

问题：

1. 指出该建设工程的竣工验收程序有哪些不妥之处，并写出正确做法。

2. 针对该工程的参建各方，写出正确的竣工资料移交程序。

单元7　建设工程施工环境保护、节约能源和文物保护法律制度

单元导读

党的二十大报告提出："深入推进环境污染防治。坚持精准治污、科学治污、依法治污，持续深入打好蓝天、碧水、净土保卫战。""实施全面节约战略，推进各类资源节约集约利用，加快构建废弃物循环利用体系。""加大文物和文化遗产保护力度，加强城乡建设中历史文化保护传承，建好用好国家文化公园。"本单元主要包含建设工程施工环境保护制度、施工节约能源制度和施工文物保护制度三部分内容，各自相对独立。本单元分别从施工环境保护、节约能源和文物保护的角度讲解相关法律规定，旨在提高建设工程从业人员保护环境、节约能源、保护文物的意识。本单元内容是建设工程从业人员需要了解和熟悉的基础知识。本单元所涉及的法律制度在建造师执业资格考试中分值占比相对较低。

单元重点

1. 施工现场噪声污染防治的规定。
2. 施工现场大气污染防治的规定。
3. 施工节能的规定。
4. 施工现场发现文物报告和保护的规定。

素养提升

学习建设工程施工环境保护、节约能源法律制度，在从事建设工程施工活动中贯彻"绿水青山就是金山银山"的绿色发展理念，树立节约能源意识和减少污染的正确态度；学习文物保护法律制度，坚定文化自信，树立文物保护意识和责任感。

导入案例

7.1 建设工程施工环境保护制度

学习目标

- 熟悉施工现场固体废物污染环境防治的规定。
- 熟悉施工现场水污染防治的规定。
- 掌握施工现场噪声污染防治的规定。
- 掌握施工现场大气污染防治的规定。
- 能运用建设工程施工环境保护制度分析建设工程案例。

环境保护法从广义上讲，是指与环境保护相关的法律体系，包括《中华人民共和国环境保护法》《中华人民共和国噪声污染防治法》《中华人民共和国大气污染防治法》《中华人民共和国水污染防治法》《中华人民共和国固体废物污染环境防治法》等。从狭义上讲，环境保护法是指 2014 年 4 月 24 日修订的《中华人民共和国环境保护法》。

《建筑法》规定，建筑施工企业应当遵守有关环境保护和安全生产的法律、法规的规定，采取控制和处理施工现场的各种粉尘、废气、废水、固体废物以及噪声、振动对环境的污染和危害的措施。

7.1.1 建设工程噪声污染防治的规定

噪声，是指在工业生产、建筑施工、交通运输和社会生活中所产生的干扰周围生活环境的声音。噪声污染，是指超过噪声排放标准或者未依法采取防控措施产生噪声，并干扰他人正常生活、工作和学习的现象。建筑施工噪声，是指在建筑施工过程中产生的干扰周围生活环境的声音。

1. 建设项目噪声污染防治的规定

《中华人民共和国噪声污染防治法》（2021 年通过，以下简称《噪声污染防治法》）规定，新建、改建、扩建可能产生噪声污染的建设项目，应当依法进行环境影响评价。

建设项目的噪声污染防治设施应当与主体工程同时设计、同时施工、同时投产使用。建设项目在投入生产或者使用之前，建设单位应当依照有关法律法规的规定，对配套建设的噪声污染防治设施进行验收，编制验收报告，并向社会公开。未经验收或者验收不合格的，该建设项目不得投入生产或者使用。

2. 施工现场噪声污染防治的规定

（1）建筑施工场界环境噪声排放标准的规定。

《噪声污染防治法》规定，排放噪声、产生振动，应当符合噪声排放标准以及相关的环境振动控制标准和有关法律、法规、规章的要求。

“噪声排放”，是指噪声源向周围生活环境辐射噪声。建筑施工场界，是指由有关主管部门批准的建筑施工场地边界或建筑施工过程中实际使用的施工场地边界。《建筑施工场界环境噪声排放标准》（GB 12523-2011）中，对建筑施工场界环境噪声排放限值进行了规定，如表 7-1 所示。

表 7-1　建筑施工场界环境噪声排放限值

昼间（6:00 至 22:00）	夜间（22:00 至次日 6:00）	备注
70dB（A）	55dB（A）	夜间噪声最大声级超过限值的幅度不得高于 15dB（A）

注：dB 是英文 Decibel（分贝）的缩写，是噪声强度的单位。（A）是指频率加权特性为 A，A 计权声级是目前世界上噪声检测中应用最广泛的一种。

（2）建筑施工作业中噪声监测的规定。

《噪声污染防治法》规定，在噪声敏感建筑物集中区域施工作业，建设单位应当按照国家规定，设置噪声自动监测系统，与监督管理部门联网，保存原始监测记录，对监测数据的真实性和准确性负责。

（3）禁止夜间进行产生噪声污染施工作业的规定。

《噪声污染防治法》规定，在噪声敏感建筑物集中区域，禁止夜间进行产生噪声的建筑施工作业，但抢修、抢险施工作业，因生产工艺要求或者其他特殊需要必须连续施工作业的除外。因特殊需要必须连续施工作业的，应当取得地方人民政府住房和城乡建设、生态环境主管部门或者地方人民政府指定的部门的证明，并在施工现场显著位置公示或者以其他方式公告附近居民。

3. 交通运输噪声污染防治的规定

交通运输噪声，是指机动车、铁路机车车辆、城市轨道交通车辆、机动船舶、航空器等交通运输工具在运行时产生的干扰周围生活环境的声音。在建设工程施工过程中，大量的运输作业难免会产生交通运输噪声。

《噪声污染防治法》规定，机动车的消声器和喇叭应当符合国家规定。禁止驾驶拆除或者损坏消声器、加装排气管等擅自改装的机动车以轰鸣、疾驶等方式造成噪声污染。机动车应当加强维修和保养，保持性能良好，防止噪声污染。机动车、铁路机车车辆、城市轨道交通车辆、机动船舶等交通运输工具运行时，应当按照规定使用喇叭等声响装置。警车、消防救援车、工程救险车、救护车等机动车安装、使用警报器，应当符合国务院公安等部门的规定；非执行紧急任务，不得使用警报器。

4. 对产生噪声污染企业事业单位的规定

排放工业噪声的企业事业单位和其他生产经营者，应当采取有效措施，减少振动、降低噪声，依法取得排污许可证或者填报排污登记表。实行排污许可管理的单位，不得无排污许可证排放工业噪声，并应当按照排污许可证的要求进行噪声污染防治。

导入案例解析一

7.1.2 建设工程大气污染防治的规定

《中华人民共和国大气污染防治法》（2018 年修正，以下简称《大气污染防治法》）规定，企业事业单位和其他生产经营者应当采取有效措施，防止、减少大气污染，对所造成的损害依法承担责任。

1. 建设项目大气污染的防治

《大气污染防治法》规定，企业事业单位和其他生产经营者建设对大气环境有影响的项目，应当依法进行环境影响评价、公开环境影响评价文件；向大气排放污染物的，应当符合大气污染物排放标准，遵守重点大气污染物排放总量控制要求。国家大气污染防治重点区域内新建、改建、扩建用煤项目的，应当实行煤炭的等量或者减量替代。

2. 施工现场大气污染的防治

住房和城乡建设部办公厅 2019 年 4 月发布的《关于进一步加强施工工地和道路扬尘管控工作的通知》(建办质〔2019〕23 号）规定：

（1）建设单位的责任。建设单位应将防治扬尘污染的费用列入工程造价，并在施工承包合同中明确施工单位扬尘污染防治责任。暂时不能开工的施工工地，建设单位应当对裸露地面进行覆盖；超过三个月的，应当进行绿化、铺装或者遮盖。

（2）施工单位的责任。施工单位应制定具体的施工扬尘污染防治实施方案，在施工工地公示扬尘污染防治措施、负责人、扬尘监督管理主管部门等信息。施工单位应当采取有效防尘降尘措施，减少施工作业过程扬尘污染，并做好扬尘污染防治工作。

（3）对施工现场实行封闭管理。城市范围内主要路段的施工工地应设置高度不小于 2.5m 的封闭围挡，一般路段的施工工地应设置高度不小于 1.8m 的封闭围挡。施工工地的封闭围挡应坚固、稳定、整洁、美观。

（4）加强物料管理。施工现场的建筑材料、构件、料具应按总平面布局进行码放。在规定区域内的施工现场应使用预拌混凝土及预拌砂浆；采用现场搅拌混凝土或砂浆的场所应采取封闭、降尘、降噪措施；水泥和其他易飞扬的细颗粒建筑材料应密闭存放或采取覆盖等措施。

（5）注重降尘作业。施工现场土方作业应采取防止扬尘措施，主要道路应定期清扫、洒水。拆除建筑物或构筑物时，应采用隔离、洒水等降噪、降尘措施，并应及时清理废弃物。施工进行铣刨、切割等作业时，应采取有效防扬尘措施；灰土和无机料应采用预拌进场，碾压过程中应洒水降尘。

（6）硬化路面和清洗车辆。施工现场的主要道路及材料加工区地面应进行硬化处理，道路应畅通，路面应平整坚实。裸露的场地和堆放的土方应采取覆盖、固化或绿化等措施。施工现场出入口应设置车辆冲洗设施，并对驶出车辆进行清洗。

（7）清运建筑垃圾。土方和建筑垃圾的运输应采用封闭式运输车辆或采取覆盖措施。建筑物内施工垃圾的清运，应采用器具或管道运输，严禁随意抛掷。施工现场严禁焚烧各类废弃物。

导入案例
解析二

（8）加强监测监控。鼓励施工工地安装在线监测和视频监控设备，并与当地有关主管部门联网。当环境空气质量指数达到中度及以上污染时，施工现场应增加洒水频次，加强覆盖措施，减少易造成大气污染的施工作业。

7.1.3 建设工程水污染防治的规定

《中华人民共和国水污染防治法》（2017 年修正，以下简称《水污染防治法》）规定，水污染防治应当坚持预防为主、防治结合、综合治理的原则，优先保护饮用水水源，严格控制工业污染、城镇生活污染，防治农业面源污染，积极推进生态治理工程建设，预防、控制和减少水环境污染和生态破坏。

1. 建设项目水污染的防治

《水污染防治法》规定，新建、改建、扩建直接或者间接向水体排放污染物的建设项目和其他水上设施，应当依法进行环境影响评价。

（1）建设单位在江河、湖泊新建、改建、扩建排污口的，应当取得水行政主管部门或者流域管理机构同意；涉及通航、渔业水域的，环境保护主管部门在审批环境影响评价文件时，应当征求交通、渔业主管部门的意见。

（2）建设项目的水污染防治设施，应当与主体工程同时设计、同时施工、同时投入使用。水污染防治设施应当符合经批准或者备案的环境影响评价文件的要求。

（3）禁止在饮用水水源一级保护区内新建、改建、扩建与供水设施和保护水源无关的建设项目；已建成的与供水设施和保护水源无关的建设项目，由县级以上人民政府责令拆除或者关闭。

（4）禁止在饮用水水源二级保护区内新建、改建、扩建排放污染物的建设项目；已建成的排放污染物的建设项目，由县级以上人民政府责令拆除或者关闭。

（5）禁止在饮用水水源准保护区内新建、扩建对水体污染严重的建设项目；改建建设项目，不得增加排污量。

2. 施工现场水污染的防治

《水污染防治法》规定，排放水污染物，不得超过国家或者地方规定的水污染物排放标准和重点水污染物排放总量控制指标。

（1）禁止向水体排放油类、酸液、碱液或者剧毒废液。禁止在水体清洗装贮过油类或者有毒污染物的车辆和容器。

（2）禁止向水体排放、倾倒放射性固体废物或者含有高放射性和中放射性物质的废水。

（3）禁止向水体排放、倾倒工业废渣、城镇垃圾和其他废弃物。禁止将含有汞、镉、砷、铬、铅、氰化物、黄磷等的可溶性剧毒废渣向水体排放、倾倒或者直接埋入地下。存放可溶性剧毒废渣的场所，应当采取防水、防渗漏、防流失的措施。禁止在江河、湖泊、运河、渠道、水库最高水位线以下的滩地和岸坡堆放、存贮固体废弃物和其他污染物。

（4）在饮用水水源保护区内，禁止设置排污口。在风景名胜区水体、重要渔业水体和其他具有特殊经济文化价值的水体的保护区内，不得新建排污口。在保护区附近新建排污口，应当保证保护区水体不受污染。

（5）禁止利用渗井、渗坑、裂隙、溶洞，私设暗管，篡改、伪造监测数据，或者不正常运行水污染防治设施等逃避监管的方式排放水污染物。禁止利用无防渗漏措施的沟渠、坑塘等输送或者存贮含有毒污染物的废水、含病原体的污水和其他废弃物。

（6）兴建地下工程设施或者进行地下勘探、采矿等活动，应当采取防护性措施，防止地下水污染。人工回灌补给地下水，不得恶化地下水质。

（7）向水体排放含低放射性物质的废水，应当符合国家有关放射性污染防治的规定和标准。向水体排放含热废水，应当采取措施，保证水体的水温符合水环境质量标准。

根据《城镇排水与污水处理条例》，从事工业、建筑、餐饮、医疗等活动的企业事业单位、个体工商户（以下称排水户）向城镇排水设施排放污水的，应当向城镇排水主管部门申请领取污水排入排水管网许可证。城镇排水主管部门应当按照国家有关标准，重点对影响城镇排水与污水处理设施安全运行的事项进行审查。排水户应当按照污水排入排水管网许可证的要求排放污水。排水单位和个人应当按照国家有关规定缴纳污水处理费。向城镇污水处理设施排放污水、缴纳污水处理费的，不再缴纳排污费。

导入案例
解析三

7.1.4 建设工程固体废物污染环境防治的规定

《中华人民共和国固体废物污染环境防治法》（2020 年修订，以下简称《固体废物污染环境防治法》）规定，国家推行绿色发展方式，促进清洁生产和循环经济发展。国家倡导简约适度、绿色低碳的生活方式，引导公众积极参与固体废物污染环境防治。

1. 建设项目固体废物污染环境的防治

《固体废物污染环境防治法》规定，建设产生、贮存、利用、处置固体废物的项目，应当依法进行环境影响评价，并遵守国家有关建设项目环境保护管理的规定。

建设项目的环境影响评价文件确定需要配套建设的固体废物污染环境防治设施，应当与主体工程同时设计、同时施工、同时投入使用。

2. 施工现场固体废物污染环境的防治

固体废物又分为一般固体废物和危险废物。所谓危险废物，是指列入国家危险废物名录或者根据国家规定的危险废物鉴别标准和鉴别方法认定的具有危险特性的固体废物。

（1）一般固体废物污染环境的防治。

《固体废物污染环境防治法》规定，任何单位和个人都应当采取措施，减少固体废物的产生量，促进固体废物的综合利用，降低固体废物的危害性。

产生、收集、贮存、运输、利用、处置固体废物的单位和其他生产经营者，应当采取防扬散、防流失、防渗漏或者其他防止污染环境的措施，不得擅自倾倒、堆放、丢弃、遗撒固体废物。禁止任何单位或者个人向江河、湖泊、运河、渠道、水库及其最高水位线以下的滩地和岸坡以及法律法规规定的其他地点倾倒、堆放、贮存固体废物。

工程施工单位应当及时清运工程施工过程中产生的建筑垃圾等固体废物，并按照环境卫生主管部门的规定进行利用或者处置。工程施工单位不得擅自倾倒、抛撒或者堆放工程施工过程中产生的建筑垃圾。

（2）危险废物污染环境防治的特别规定。

《固体废物污染环境防治法》规定，对危险废物的容器和包装物以及收集、贮存、运输、利用、处置危险废物的设施、场所，应当按照规定设置危险废物识别标志。产生危险废物的单位，应当按照国家有关规定制订危险废物管理计划；建立危险废物管理台账，如实记录有关信息，并通过国家危险废物信息管理系统向所在地生态环境主管部门申报危险废物的种类、产生量、流向、贮存、处置等有关资料。从事收集、贮存、利用、处置危险废物经营活动的单位，应当按照国家有关规定申请取得许可证。禁止将危险废物提供或者委托给无许可证的单位或者其他生产经营者从事收集、贮存、利用、处置活动。运输危险废物，应当采取防止污染环境的措施，并遵守国家有关危险货物运输管理的规定。禁止将危险废物与旅客在同一运输工具上载运。

（3）施工现场固体废物的减量化和回收再利用。

施工现场的固体废物主要是建筑垃圾和生活垃圾。《住房和城乡建设部关于推进建筑垃圾减量化的指导意见》（建质〔2020〕46 号）规定，施工单位应组织编制施工现场建筑垃圾减量化专项方案，明确建筑垃圾减量化目标和职责分工，提出源头减量、分类管理、就地处置、排放控制的具体措施。

施工单位应结合工程加工、运输、安装方案和施工工艺要求，细化节点构造和具体做法。优化施工组织设计，合理确定施工工序，推行数字化加工和信息化管理，实现精准下料、精细管理，降低建筑材料损耗率。

施工、监理等单位应严格按设计要求控制进场材料和设备的质量，严把施工质量关，强化各工序质量管控，减少因质量问题导致的返工或修补。加强对已完工工程的成品保护，避免二次损坏。

施工现场办公用房、宿舍、围挡、大门、工具棚、安全防护栏杆等推广采用重复利用率高的标准化设施。鼓励采用工具式脚手架和模板支撑体系，推广应用铝模板、金属防护网、金属通道板、拼装式道路板等周转材料。鼓励施工单位在一定区域范围内统筹临时设施和周转材料的调配。

施工单位应充分考虑施工用消防立管、消防水池、照明线路、道路、围挡等与永久性设施的结合利用，减少因拆除临时设施产生的建筑垃圾。

施工单位应建立建筑垃圾分类收集与存放管理制度，实行分类收集、分类存放、分类处置。鼓励以末端处置为导向对建筑垃圾进行细化分类。严禁将危险废物和生活垃圾混入建筑垃圾。

施工单位应充分利用混凝土、钢筋、模板、珍珠岩保温材料等余料，在满足质量要求

导入案例解析四

的前提下，根据实际需求加工制作成各类工程材料，实行循环利用。施工现场不具备就地利用条件的，应按规定及时转运到建筑垃圾处置场所进行资源化处置和再利用。

施工单位应实时统计并监控建筑垃圾产生量，及时采取针对性措施降低建筑垃圾排放量。鼓励采用现场泥沙分离、泥浆脱水预处理等工艺，减少工程渣土和工程泥浆排放。

7.2 施工节约能源制度

学习目标

- 熟悉建筑节能的规定。
- 掌握施工节能的规定。
- 能运用施工节约能源制度分析建设工程案例。

节约能源，是指加强用能管理，采取技术上可行、经济上合理以及环境和社会可以承受的措施，从能源生产到消费的各个环节，降低消耗、减少损失和污染物排放、制止浪费，有效、合理地利用能源。《中华人民共和国节约能源法》（2018 年修正，以下简称《节约能源法》）规定，节约资源是我国的基本国策。国家实施节约与开发并举、把节约放在首位的能源发展战略。

在工程建设领域，节约能源主要包括建筑节能和施工节能两个方面。

7.2.1 建筑节能的规定

《节约能源法》规定，建筑工程的建设、设计、施工和监理单位应当遵守建筑节能标准。不符合建筑节能标准的建筑工程，建设主管部门不得批准开工建设；已经开工建设的，应当责令停止施工、限期改正；已经建成的，不得销售或者使用。

1. 施工图审查机构的节能义务

2008 年 8 月，国务院发布的《民用建筑节能条例》（国务院令第 530 号）规定，施工图设计文件审查机构应当按照民用建筑节能强制性标准对施工图设计文件进行审查；经审查不符合民用建筑节能强制性标准的，县级以上地方人民政府建设主管部门不得颁发施工许可证。

2. 建设单位的节能义务

《民用建筑节能条例》规定，建设单位不得明示或者暗示设计单位、施工单位违反民用建筑节能强制性标准进行设计、施工，不得明示或者暗示施工单位使用不符合施工图设计文件要求的墙体材料、保温材料、门窗、采暖制冷系统和照明设备。

按照合同约定由建设单位采购墙体材料、保温材料、门窗、采暖制冷系统和照明设备的，建设单位应当保证其符合施工图设计文件要求。

建设单位组织竣工验收，应当对民用建筑是否符合民用建筑节能强制性标准进行查验；对不符合民用建筑节能强制性标准的，不得出具竣工验收合格报告。

3. 设计单位、施工单位、工程监理单位的节能义务

《民用建筑节能条例》规定，设计单位、施工单位、工程监理单位及其注册执业人员，应当按照民用建筑节能强制性标准进行设计、施工、监理。

施工单位应当对进入施工现场的墙体材料、保温材料、门窗、采暖制冷系统和照明设备进行查验；不符合施工图设计文件要求的，不得使用。

工程监理单位发现施工单位不按照民用建筑节能强制性标准施工的，应当要求施工单位改正；施工单位拒不改正的，工程监理单位应当及时报告建设单位，并向有关主管部门报告。

墙体、屋面的保温工程施工时，监理工程师应当按照工程监理规范的要求，采取旁站、巡视和平行检验等形式实施监理。

未经监理工程师签字，墙体材料、保温材料、门窗、采暖制冷系统和照明设备不得在建筑上使用或者安装，施工单位不得进行下一道工序的施工。

4. 房地产开发企业的节能义务

《民用建筑节能条例》规定，房地产开发企业销售商品房，应当向购买人明示所售商品房的能源消耗指标、节能措施和保护要求、保温工程保修期等信息，并在商品房买卖合同和住宅质量保证书、住宅使用说明书中载明。

导入案例
解析五

7.2.2 施工节能的规定

《中华人民共和国循环经济促进法》（2018 年修正，以下简称《循环经济促进法》）规定，建筑设计、建设、施工等单位应当按照国家有关规定和标准，对其设计、建设、施工的建筑物及构筑物采用节能、节水、节地、节材的技术工艺和小型、轻型、再生产品。有

条件的地区，应当充分利用太阳能、地热能、风能等可再生能源。

施工节能需要解决施工过程中的节约能源问题。

1. 节材与材料资源利用

《循环经济促进法》规定，国家鼓励利用无毒无害的固体废物生产建筑材料，鼓励使用散装水泥，推广使用预拌混凝土和预拌砂浆。禁止损毁耕地烧砖。在国务院或者省、自治区、直辖市人民政府规定的期限和区域内，禁止生产、销售和使用黏土砖。

《绿色施工导则》进一步规定了以下节材措施：

（1）图纸会审时，应审核节材与材料资源利用的相关内容，达到材料损耗率比定额损耗率降低 30%。

（2）根据施工进度、库存情况等合理安排材料的采购、进场时间和批次，减少库存。

（3）现场材料堆放有序。储存环境适宜，措施得当。保管制度健全，责任落实。

（4）材料运输工具适宜，装卸方法得当，防止损坏和遗洒。根据现场平面布置情况就近卸载，避免和减少二次搬运。

（5）采取技术和管理措施提高模板、脚手架等的周转次数。

（6）优化安装工程的预留、预埋、管线路径等方案。

（7）应就地取材，施工现场 500 千米以内生产的建筑材料用量占建筑材料总重量的 70% 以上。

2. 节水与水资源利用

《循环经济促进法》规定，国家鼓励和支持使用再生水。在有条件使用再生水的地区，限制或者禁止将自来水作为城市道路清扫、城市绿化和景观用水使用。企业应当发展串联用水系统和循环用水系统，提高水的重复利用率。企业应当采用先进技术、工艺和设备，对生产过程中产生的废水进行再生利用。

《绿色施工导则》对提高用水效率、非传统水源利用和用水安全作出了进一步规定：

（1）提高用水效率。

1）施工中采用先进的节水施工工艺。

2）施工现场喷洒路面、绿化浇灌不宜使用市政自来水。现场搅拌用水、养护用水应采取有效的节水措施，严禁无措施浇水养护混凝土。

3）施工现场供水管网应根据用水量设计布置，管径合理、管路简捷，采取有效措施减少管网和用水器具的漏损。

4）现场机具、设备、车辆冲洗用水必须设立循环用水装置。施工现场办公区、生活区的生活用水采用节水系统和节水器具，提高节水器具配置比率。项目临时用水应使用节水型产品，安装计量装置，采取针对性的节水措施。

5）施工现场建立可再利用水的收集处理系统，使水资源得到梯级循环利用。

6）施工现场分别对生活用水与工程用水确定用水定额指标，并分别计量管理。

7）大型工程的不同单项工程、不同标段、不同分包生活区，凡具备条件的应分别计量用水量。在签订不同标段分包或劳务合同时，将节水定额指标纳入合同条款，进行计量考核。

8）对混凝土搅拌站点等用水集中的区域和工艺点进行专项计量考核。施工现场建立雨水、中水或可再利用水的搜集利用系统。

（2）非传统水源利用。

1）优先采用中水搅拌、中水养护，有条件的地区和工程应收集雨水养护。

2）处于基坑降水阶段的工地，宜优先采用地下水作为混凝土搅拌用水、养护用水、冲洗用水和部分生活用水。

3）现场机具、设备、车辆冲洗、喷洒路面、绿化浇灌等用水，优先采用非传统水源，尽量不使用市政自来水。

4）大型施工现场，尤其是雨量充沛地区的大型施工现场建立雨水收集利用系统，充分收集自然降水用于施工和生活中适宜的部位。

5）力争施工中非传统水源和循环水的再利用量大于30%。

（3）用水安全。

在非传统水源和现场循环再利用水的使用过程中，应制定有效的水质检测与卫生保障措施，确保避免对人体健康、工程质量以及周围环境产生不良影响。

3. 节能与能源利用

《绿色施工导则》分别对节能措施，机械设备与机具，生产、生活及办公临时设施，施工用电及照明作出了明确规定。

（1）节能措施。

1）制定合理施工能耗指标，提高施工能源利用率。

2）优先使用国家、行业推荐的节能、高效、环保的施工设备和机具，如选用变频技术的节能施工设备等。

3）施工现场分别设定生产、生活、办公和施工设备的用电控制指标，定期进行计量、核算、对比分析，并有预防与纠正措施。

4）在施工组织设计中，合理安排施工顺序、工作面，以减少作业区域的机具数量，相邻作业区充分利用共有的机具资源。安排施工工艺时，应优先考虑耗用电能的或其他能耗较少的施工工艺。避免设备额定功率远大于使用功率或超负荷使用设备的现象。

5）根据当地气候和自然资源条件，充分利用太阳能、地热等可再生能源。

（2）机械设备与机具。

1）建立施工机械设备管理制度，开展用电、用油计量，完善设备档案，及时做好维修保养工作，使机械设备保持低耗、高效的状态。

2）选择功率与负载相匹配的施工机械设备，避免大功率施工机械设备低负载长时间运行。机电安装可采用节电型机械设备，如逆变式电焊机和能耗低、效率高的手持电动工具等，以利节电。机械设备宜使用节能型油料添加剂，在可能的情况下，考虑回收利用，节约油量。

3）合理安排工序，提高各种机械的使用率和满载率，降低各种设备的单位耗能。

（3）生产、生活及办公临时设施。

1）利用场地自然条件，合理设计生产、生活及办公临时设施的体形、朝向、间距和窗墙面积比，使其获得良好的日照、通风和采光。南方地区可根据需要在其外墙窗设遮阳设施。

2）临时设施宜采用节能材料，墙体、屋面使用隔热性能好的材料，减少夏天空调、冬天取暖设备的使用时间及耗能量。

3）合理配置采暖、空调、风扇数量，规定使用时间，实行分段分时使用，节约用电。

（4）施工用电及照明。

1）临时用电优先选用节能电线和节能灯具，临电线路合理设计、布置，临电设备宜采用自动控制装置。采用声控、光控等节能照明灯具。

2）照明设计以满足最低照度为原则，照度不应超过最低照度的20%。

4. 节地与施工用地保护

《绿色施工导则》分别对临时用地指标、临时用地保护、施工总平面布置作出了具体规定。

（1）临时用地指标。

1）根据施工规模及现场条件等因素合理确定临时设施，如临时加工厂、现场作业棚及材料堆场、办公生活设施等的占地指标。临时设施的占地面积应按用地指标所需的最低面积设计。

2）要求平面布置合理、紧凑，在满足环境、职业健康与安全及文明施工要求的前提下尽可能减少废弃地和死角，临时设施占地面积有效利用率大于90%。

（2）临时用地保护。

1）应对深基坑施工方案进行优化，减少土方开挖和回填量，最大限度地减少对土地的扰动，保护周边自然生态环境。

2）红线外临时占地应尽量使用荒地、废地，少占用农田和耕地。工程完工后，及时对红线外占地恢复原地形、地貌，使施工活动对周边环境的影响降至最低。

3）利用和保护施工用地范围内原有绿色植被。对于施工周期较长的现场，可按建筑永久绿化的要求，安排场地新建绿化。

（3）施工总平面布置。

1）施工总平面布置应做到科学、合理，充分利用原有建筑物、构筑物、道路、管线为施工服务。

2）施工现场搅拌站、仓库、加工厂、作业棚、材料堆场等布置应尽量靠近已有交通线路或即将修建的正式或临时交通线路，缩短运输距离。

3）临时办公和生活用房应采用经济、美观、占地面积小、对周边地貌环境影响较小，且适合于施工平面布置动态调整的多层轻钢活动板房、钢骨架水泥活动板房等标准化装配式结构。生活区与生产区应分开布置，并设置标准的分隔设施。

4）施工现场围墙可采用连续封闭的轻钢结构预制装配式活动围挡，减少建筑垃圾，保护土地。

5）施工现场道路按照永久道路和临时道路相结合的原则布置。施工现场内形成环形通路，减少道路占用土地。

6）临时设施布置应注意远近结合（本期工程与下期工程），努力减少和避免大量临时建筑拆迁和场地搬迁。

7.3 施工文物保护制度

学习目标

- 了解文物保护单位保护范围和建设控制地带施工的规定。
- 掌握施工发现文物报告和保护的规定。
- 能运用施工文物保护制度分析建设工程案例。

《中华人民共和国文物保护法》（2024 年修订，以下简称《文物保护法》）规定，一切机关、组织和个人都有依法保护文物的义务。基本建设、旅游发展必须把文物保护放在第一位，严格落实文物保护与安全管理规定，防止建设性破坏和过度商业化。

《文物保护法》规定，文物受国家保护。文物，是指人类创造的或者与人类活动有关的，具有历史、艺术、科学价值的下列物质遗存：

（1）古文化遗址、古墓葬、古建筑、石窟寺和古石刻、古壁画；

（2）与重大历史事件、革命运动或者著名人物有关的以及具有重要纪念意义、教育意义或者史料价值的近代现代重要史迹、实物、代表性建筑；

（3）历史上各时代珍贵的艺术品、工艺美术品；

（4）历史上各时代重要的文献资料、手稿和图书资料等；

（5）反映历史上各时代、各民族社会制度、社会生产、社会生活的代表性实物。

具有科学价值的古脊椎动物化石和古人类化石同文物一样受国家保护。

7.3.1 在文物保护单位保护范围和建设控制地带施工的规定

《文物保护法》规定，在文物保护单位的保护范围和建设控制地带内，不得建设污染文物保护单位及其环境的设施，不得进行可能影响文物保护单位安全及其环境的活动。对已有的污染文物保护单位及其环境的设施，依照生态环境有关法律法规的规定处理。

1. 承担文物保护单位的修缮、迁移、重建工程的单位应当具有相应的资质证书

《中华人民共和国文物保护法实施条例》（2017 年修订，以下简称《文物保护法实施条例》）规定，承担文物保护单位的修缮、迁移、重建工程的单位，应当同时取得文物行政主管部门发给的相应等级的文物保护工程资质证书和建设行政主管部门发给的相应等级的资质证书。其中，不涉及建筑活动的文物保护单位的修缮、迁移、重建，应当由取得文物行政主管部门发给的相应等级的文物保护工程资质证书的单位承担。

申领文物保护工程资质证书，应当具备下列条件：

（1）有取得文物博物专业技术职务的人员。

（2）有从事文物保护工程所需的技术设备。

（3）法律、行政法规规定的其他条件。

申领文物保护工程资质证书，应当向省、自治区、直辖市人民政府文物行政主管部门或者国务院文物行政主管部门提出申请。省、自治区、直辖市人民政府文物行政主管部门或者国务院文物行政主管部门应当自收到申请之日起 30 个工作日内作出批准或者不批准的决定。决定批准的，发给相应等级的文物保护工程资质证书；决定不批准的，应当书面通知当事人并说明理由。

2. 在历史文化名城名镇名村保护范围内从事建设活动的相关规定

《历史文化名城名镇名村保护条例》规定，在历史文化名城、名镇、名村保护范围内

禁止进行下列活动：

（1）开山、采石、开矿等破坏传统格局和历史风貌的活动。

（2）占用保护规划确定保留的园林绿地、河湖水系、道路等。

（3）修建生产、储存爆炸性、易燃性、放射性、毒害性、腐蚀性物品的工厂、仓库等。

（4）在历史建筑上刻画、涂污。

在历史文化名城、名镇、名村保护范围内进行下列活动，应当保护其传统格局、历史风貌和历史建筑；制定保护方案，并依照有关法律、法规的规定办理相关手续：

（1）改变园林绿地、河湖水系等自然状态的活动。

（2）在核心保护范围内进行影视摄制、举办大型群众性活动。

（3）其他影响传统格局、历史风貌或者历史建筑的活动。

在历史文化街区、名镇、名村核心保护范围内，不得进行新建、扩建活动。但是，新建、扩建必要的基础设施和公共服务设施除外。

在历史文化街区、名镇、名村核心保护范围内，新建、扩建必要的基础设施和公共服务设施的，城市、县人民政府城乡规划主管部门核发建设工程规划许可证、乡村建设规划许可证前，应当征求同级文物主管部门的意见。在历史文化街区、名镇、名村核心保护范围内，拆除历史建筑以外的建筑物、构筑物或者其他设施的，应当经城市、县人民政府城乡规划主管部门会同同级文物主管部门批准。

任何单位或者个人不得损坏或者擅自迁移、拆除历史建筑。

3. 在文物保护单位保护范围和建设控制地带内从事建设活动的相关规定

《文物保护法》规定，在文物保护单位的保护范围内不得进行文物保护工程以外的其他建设工程或者爆破、钻探、挖掘等作业；因特殊情况需要进行的，必须保证文物保护单位的安全。

因特殊情况需要在省级或者设区的市级、县级文物保护单位的保护范围内进行文物保护工程以外的其他建设工程或者爆破、钻探、挖掘等作业的，必须经核定公布该文物保护单位的人民政府批准，在批准前应当征得上一级人民政府文物行政部门同意；在全国重点文物保护单位的保护范围内进行文物保护工程以外的其他建设工程或者爆破、钻探、挖掘等作业的，必须经省、自治区、直辖市人民政府批准，在批准前应当征得国务院文物行政部门同意。

在文物保护单位的建设控制地带内进行建设工程，不得破坏文物保护单位的历史风貌；工程设计方案应当根据文物保护单位的级别和建设工程对文物保护单位历史风貌的影响程度，经国家规定的文物行政部门同意后，依法取得建设工程规划许可。

7.3.2 施工发现文物报告和保护的规定

《文物保护法》规定，地下埋藏和水下遗存的文物，任何单位或者个人都不得私自发掘。考古发掘的文物和考古发掘资料，任何单位或者个人不得侵占。

1. 配合建设工程进行考古发掘工作的规定

《文物保护法》规定，在可能存在地下文物的区域，县级以上地方人民政府进行土地出让或者划拨前，应当由省、自治区、直辖市人民政府文物行政部门组织从事考古发掘的单位进行考古调查、勘探。可能存在地下文物的区域，由省、自治区、直辖市人民政府文物行政部门及时划定并动态调整。进行大型基本建设工程，或者在文物保护单位的保护范围、建设控制地带内进行建设工程，未依照上述规定进行考古调查、勘探的，建设单位应当事先报请省、自治区、直辖市人民政府文物行政部门组织从事考古发掘的单位在工程范围内有可能埋藏文物的地方进行考古调查、勘探。

确因建设工期紧迫或者有自然破坏危险，对古文化遗址、古墓葬急需进行抢救发掘的，由省、自治区、直辖市人民政府文物行政部门组织发掘，并同时补办审批手续。

2. 施工发现文物的报告和保护

《文物保护法》规定，在建设工程、农业生产等活动中，任何单位或者个人发现文物或者疑似文物的，应当保护现场，立即报告当地文物行政部门；文物行政部门应当在接到报告后 24 小时内赶赴现场，并在 7 日内提出处理意见。文物行政部门应当采取措施保护现场，必要时可以通知公安机关或者海上执法机关协助；发现重要文物的，应当立即上报国务院文物行政部门，国务院文物行政部门应当在接到报告后 15 日内提出处理意见。

依照上述规定发现的文物属于国家所有，任何单位或者个人不得哄抢、私分、藏匿。

3. 水下文物的报告和保护

《中华人民共和国水下文物保护管理条例》(2022 年修订，以下简称《水下文物保护管理条例》）规定，任何单位或者个人以任何方式发现疑似遗存于中国内水、领海内的一切起源于中国的、起源国不明的和起源于外国的文物，以及遗存于中国领海以外依照中国法律由中国管辖的其他海域内的起源于中国的和起源国不明的文物，应当及时报告所在地或者就近的地方人民政府文物主管部门，并上交已经打捞出水的文物。

任何单位或者个人以任何方式发现疑似遗存于外国领海以外的其他管辖海域以及公海区域内的起源于中国的文物，应当及时报告就近的地方人民政府文物主管部门或者直接报告国务院文物主管部门。接到报告的地方人民政府文物主管部门应当逐级报至国务院文物主管部门。国务院文物主管部门应当及时提出处理意见并报国务院。

导入案例
解析六

技能检测

一、单选题

1. 下列关于向城镇排水设施排放污水的说法，正确的是（　　）。

A. 各类施工作业需要排水的，由施工企业申请领取排水许可证

B. 施工作业排水许可证的有效期，由建设行政主管部门根据工期确定

C. 城镇排水主管部门实施排水许可不得收费

D. 排水户应当按照实际需要的排水类别、总量排放污水

2. 根据《噪声污染防治法》，关于建筑施工噪声污染防治的说法，正确的是（　　）。

A. 对已交付使用的建筑物进行室内装修时应当采取有效噪声防治措施

B. 建设单位应当按照规定制定噪声污染防治实施方案

C. 施工单位应当按照规定将噪声污染防治费用列入工程造价

D. 严禁施工单位夜间进行产生噪声的建筑施工作业

3. 根据《绿色施工导则》，下列关于非传统水源利用的说法，正确的是（　　）。

A. 可以采用地下水搅拌、地下水养护，有条件的地区和工程应当收集雨水养护

B. 现场机具、设备、车辆冲洗、喷洒路面、绿化浇灌等用水，优先采用非传统水源，尽量不使用市政自来水

C. 处于基坑降水阶段的工地，地下水不得作为生活用水

D. 施工中非传统水源和循环水的再利用量力争大于 20%

4. 根据《绿色施工导则》，下列关于施工总平面布局的说法，正确的是（　　）。

A. 施工现场围墙可以采用连续封闭的轻钢结构预制装配式活动围挡，减少建筑垃圾，保护土地

B. 施工现场搅拌站、仓库等布置应当尽量远离已有交通线路

C. 施工现场道路应当尽量多布置临时道路，在施工现场形成环形道路

D. 生活区与生产区可以分开布置，并设置标准的分隔设施

5. 建设工程施工过程中，下列关于施工节材的说法，正确的是（　　）。

A. 应当使用散装水泥　　B. 禁止损毁耕地烧砖

C. 应当使用预拌混凝土　　D. 禁止远距离运输

6. 根据《文物保护法》，受国家保护的文物是（　　）。

A. 与历史事件有关的代表性建筑

B. 具有历史、艺术、科学价值的石刻、壁画

C. 历史上各时代艺术品、工艺美术品

D. 反映历史上各时代的实物

7. 下列关于施工现场环境噪声污染防治的说法，正确的是（　　）。

A. 国家对环境噪声污染严重的落后设备实行淘汰制度

B. 土石方施工阶段，噪声限值是昼间 70dB，夜间 55dB

C. 打桩施工阶段，噪声限值是昼间 80dB，夜间禁止施工

D. 在城市市区噪声敏感建筑物集中区域内，禁止夜间进行任何产生环境噪声污染的建筑施工作业

8. 建设单位组织竣工验收，对不符合民用建筑节能强制性标准的，不得出具（　　）报告。

A. 竣工验收合格　　B. 建筑节能合格　　C. 建筑节能达标　　D. 能耗验收合格

9. 根据《历史文化名城名镇名村保护条例》，在历史文化街区、名镇、名村核心保护范围内，允许建设的工程是（　　）。

A. 新建影视摄制基地　　B. 新建商业综合体

C. 扩建办公楼　　D. 扩建必要的基础设施

10. 关于施工水污染防治禁止事项的说法，正确的是（　　）。

A. 禁止向水体排放含放射性物质的废水　　B. 禁止向水体排放含热废水

C. 禁止向城镇排水设施排放污水　　D. 禁止向水体排放工业废渣

二、多选题

1. 在城市市区噪声敏感建筑物集中区域内，禁止夜间进行产生环境噪声污染的建筑施工作业，但（　　）除外。

A. 经监理单位同意的　　B. 抢修作业

C. 抢险作业　　D. 因生产工艺上要求必须连续作业的

E. 因特殊需要必须连续作业的

2. 下列关于施工现场环境噪声污染防治的说法，正确的有（　　）。

A. 在城市市区噪声敏感建筑物集中区域内，禁止夜间进行产生环境噪声污染的建筑施工作业

B. 科研单位的建筑物属于噪声敏感建筑物

C. 建筑施工场界环境噪声排放限值与时间段无关

D. 环保行政管理部门有权对排放环境噪声的施工单位进行现场检查

E. “夜间”是指 22:00 至次日 8:00 之间的时段

3. 根据《绿色施工导则》，下列关于建筑节材的说法，正确的有（　　）。

A. 图纸会审时，要达到材料损耗率比定额损耗率降低 35%

B. 应根据现场平面布置情况就近卸载，避免和减少二次搬运

C. 优化安装工程的预留、预埋、管线路径等方案

D. 施工现场 200 千米以内的建筑材料用量占总重量的 70% 以上

E. 采取技术和管理措施提高模板、脚手架的周转次数

4. 下列关于建设单位、设计单位、施工单位在建筑活动中节能义务的说法，正确的有（　　）。

A. 设计单位应当按照民用建筑节能强制性标准进行设计

B. 建设单位不得明示或者暗示设计单位、施工单位违反民用建筑节能强制性标准进行设计、施工

C. 建设单位组织竣工验收，对不符合民用建筑节能强制性标准的民用建筑，不得出具竣工验收合格报告

D. 建设单位应当负责采购墙体材料、保温材料、门窗、采暖制冷系统和照明设备，并保证其符合施工图设计文件要求

E. 施工单位可以对进入施工现场的墙体材料、保温材料、门窗、采暖制冷系统和照明设备进行查验；不符合施工图设计文件要求的，不得使用

5. 关于施工现场大气污染防治的说法，正确的有（　　）。

A. 小型工程的工程造价可以不列支防治扬尘污染的费用

B. 暂时不能开工的施工工地，施工企业应当对裸露地面进行覆盖

C. 施工合同应当明确施工企业扬尘污染防治责任

D. 工程渣土、建筑垃圾应当进行资源化处理

E. 施工工地应当公示扬尘污染防治相关信息

三、案例分析题

一天晚上 22:10，A 市城管执法队员接到群众举报，在一处建筑工地内有产生噪声污染的建筑施工作业，对附近的居民造成严重干扰，影响了居民休息。城管执法队员经调查取证后了解到，噪声源为混凝土施工，施工场界噪声经测试为 73dB，该施工单位未办理过任何夜间施工手续，未向附近居民公告，也非抢险、抢修等特殊作业。

问题：

（1）该施工单位的夜间施工作业有无违法行为？

（2）该施工单位应当接受哪些行政处罚？

单元 8 解决建设工程纠纷法律制度

单元导读

本单元内容主要包括建设工程纠纷的主要类型、建设工程民事纠纷和行政纠纷的处理。通过本单元的学习熟悉行政复议、行政诉讼的具体应用，具备进行仲裁、应用民事诉讼程序的能力，遇到纠纷能够妥善解决。本单元所涉及的法律制度在建设工程领域时常用到，是建造师执业资格考试较为重要的内容。

单元重点

1. 建设工程纠纷的主要种类。
2. 仲裁程序。
3. 民事诉讼审判程序。
4. 行政复议程序。
5. 行政诉讼程序。

素养提升

学习解决建设工程纠纷法律制度，贯彻法治理念，如若在建设工程活动中发生纠纷，能够遵守法律程序，通过正当的法律途径维护自身权益。

导入案例

8.1 建设工程纠纷主要种类

学习目标

- 了解民事纠纷的特点。
- 熟悉易引发行政纠纷的行政行为。
- 掌握建设工程纠纷的主要种类。
- 能够正确划分建设工程纠纷的种类。

所谓法律纠纷，是指自然人、法人以及非法人组织之间因人身、财产或其他法律关系而发生的对抗冲突（或者争议），主要包括民事纠纷、行政纠纷、刑事附带民事纠纷。民事纠纷是平等主体间的有关人身权、财产权的纠纷；行政纠纷是行政机关之间或行政机关同自然人、法人和非法人组织之间由于行政行为而产生的纠纷；刑事附带民事纠纷是因犯罪而产生的有关人身权、财产权的纠纷。

建设工程项目通常具有投资规模大、建造周期长、技术要求高、合同关系复杂和政府监管严格等特点，因而在建设工程领域里常见的是民事纠纷和行政纠纷。

8.1.1 建设工程民事纠纷

建设工程民事纠纷，是在建设工程活动中平等主体之间发生的以民事权利义务法律关系为内容的争议。民事纠纷主要是因为违反了民事法律规范或者合同约定而引起的。民事纠纷可分为两大类：一类是财产关系方面的民事纠纷，如合同纠纷、损害赔偿纠纷等；另一类是人身关系方面的民事纠纷，如名誉权纠纷、继承权纠纷等。

民事纠纷具有以下三个特点：

（1）民事纠纷主体之间的法律地位平等。

（2）民事纠纷的内容是对民事权利义务的争议。

（3）有关财产关系的民事纠纷具有可处分性，而有关人身关系的民事纠纷多具有不可处分性。

在建设工程领域，较为普遍和重要的民事纠纷主要是合同纠纷、侵权纠纷。

1. 合同纠纷

合同纠纷，是指因合同的生效、解释、履行、变更、终止等行为而引起的合同当事人之间的所有争议。合同纠纷的内容，主要表现在争议主体对于导致合同法律关系产生、变更与消灭的法律事实以及法律关系的内容有着不同的观点与看法。合同纠纷的范围涵盖了一项合同从成立到终止的整个过程。

建设工程合同纠纷主要有工程咨询合同纠纷、工程总承包合同纠纷、工程勘察合同纠纷、工程设计合同纠纷、工程施工合同纠纷、工程监理合同纠纷、工程分包合同纠纷、材料设备采购合同纠纷以及劳动合同纠纷等。

2. 侵权纠纷

侵权纠纷，是指一方当事人不法侵害他人财产权或者人身权而产生的纠纷。在施工过程中造成对他人财产或者人身损害而产生的侵权纠纷，未经许可使用他人的专利、工法等造成的知识产权侵权纠纷等，是建设工程领域中较常见的侵权纠纷。

发包人和承包人就有关工期、质量、造价等产生的建设工程合同争议，是建设工程领域最常见的民事纠纷。

8.1.2 建设工程行政纠纷

建设工程行政纠纷，是在建设工程活动中行政机关之间或行政机关同自然人、法人和非法人组织之间由于行政行为而引起的纠纷，包括行政争议和行政案件。在行政法律关系中，一方面，行政机关对自然人、法人和非法人组织行使行政管理职权，应当依法行政；另一方面，自然人、法人和非法人组织也应当依法约束自己的行为，做到自觉守法。

1. 行政机关的行政行为特征

（1）行政行为属于执行法律的行为。任何行政行为均须有法律根据，没有法律的明确规定或授权，行政机关不得作出任何行政行为。

（2）行政行为具有一定的裁量性。这是由立法技术本身的局限性和行政管理的广泛性、复杂性等所决定的。

（3）行政机关在实施行政行为时具有单方意志性，不必与行政相对人协商或征得其同意，便可依法自主作出。

（4）行政行为是以国家强制力保障实施的，带有强制性。行政相对人必须服从并配合行政行为，否则行政机关将予以制裁或强制执行。

（5）行政行为以无偿为原则，以有偿为例外。只有当特定行政相对人承担了特别公共负担，或者分享了特殊公共利益时，方可为有偿的。

2. 易引发行政纠纷的行政行为

在建设工程领域，易引发行政纠纷的行政行为主要有如下几种：

（1）行政许可。

行政许可即行政机关根据自然人、法人或者非法人组织的申请，经依法审查，准予其从事特定活动的行政管理行为，如施工许可、专业人员执业资格注册、企业资质等级核准、安全生产许可等。行政许可易引发的行政纠纷通常是行政机关的行政不作为、违反法定程序等。

（2）行政处罚。

行政处罚即行政机关依照法定职权、程序对于违法但尚未构成犯罪的相对人给予行政制裁的具体行政行为。常见的行政处罚为警告、罚款、没收违法所得、取消投标资格、责令停止施工、责令停业整顿、降低资质等级、吊销资质证书等。行政处罚易导致的行政纠纷通常是行政处罚超越职权、滥用职权、违反法定程序、事实认定错误、适用法律错误等。

（3）行政强制。

行政强制包括行政强制措施和行政强制执行。行政强制措施是指行政机关在行政管理过程中，为制止违法行为、防止证据损毁、避免危害发生、控制危险扩大等情形，依法对自然人的人身自由实施暂时性限制，或者对自然人、法人或者非法人组织的财物实施暂时性控制的行政行为。行政强制执行是指行政机关或者行政机关申请人民法院，对不履行行政决定的自然人、法人或者非法人组织，依法强制履行义务的行政行为。行政强制易导致的行政纠纷通常是行政强制超越职权、滥用职权、违反法定程序、事实认定错误、适用法律错误等。

（4）行政裁决。

行政裁决即行政机关或法律授权的组织，对平等主体之间发生的与行政管理活动密切相关的、特定的民事纠纷（争议）进行审查，并作出裁决的行政行为，如对特定的侵权纠纷、损害赔偿纠纷、权属纠纷、国有资产产权纠纷以及劳动工资、经济补偿纠纷等的裁决。行政裁决易引发的行政纠纷通常是行政裁决违反法定程序、事实认定错误、适用法律错误等。

8.2 建设工程民事纠纷的处理

学习目标

- 了解和解的类型、调解的分类。
- 熟悉仲裁协议。

- 熟悉诉讼管辖。
- 掌握仲裁程序。
- 掌握民事诉讼审判程序。
- 能运用法律知识处理建设工程民事纠纷。

建设工程民事纠纷主要是在建设单位、勘察设计单位、施工单位等平等主体之间，因相互间的权利义务关系发生的争议，较为常见的是合同纠纷、侵权纠纷等。解决建设工程民事纠纷的主要方法有四种，即和解、调解、仲裁和民事诉讼。

8.2.1 和解

和解是指民事纠纷的当事人在自愿互谅的基础上，就已经发生的争议进行协商、妥协与让步并达成协议，无须第三方介入，完全自行解决争议的一种方式。和解达成协议，其形式上可以是口头的，也可以是书面的。

1. 和解的类型

（1）诉讼前的和解。

发生在诉讼以前，双方当事人互相协商达成协议，自行解决争议。

（2）诉讼中的和解。

当事人在诉讼进行中互相协商，达成协议，解决双方的争议。《中华人民共和国民事诉讼法》（2023 年修正，以下简称《民事诉讼法》）规定，双方当事人可以自行和解。这种和解在法院作出判决前，当事人都可以进行。

当事人达成和解协议后，原告可以撤诉，双方也可以请求人民法院对和解事项作出调解书，经当事人签名盖章产生法律效力。

（3）执行中的和解。

执行中的和解，是人民法院在执行已经发生法律效力的民事判决、裁定过程中，当事人自行达成协议，自动履行生效和解协议的行为。

《民事诉讼法》规定，在执行中，双方当事人自行和解达成协议的，执行员应当将协议内容记入笔录，由双方当事人签名或者盖章。申请执行人因受欺诈、胁迫与被执行人达成和解协议，或者当事人不履行和解协议的，人民法院可以根据当事人的申请，恢复对原生效法律文书的执行。

（4）仲裁中的和解。

《中华人民共和国仲裁法》（2017 年修正，以下简称《仲裁法》）规定，当事人申请仲裁后，可以自行和解。和解是双方当事人的自愿行为，不需要仲裁庭的参与。达成和解协议的，可以请求仲裁庭根据和解协议作出裁决书，也可以撤回仲裁申请。当事人达成和解协议，撤回仲裁申请后反悔的，可以根据仲裁协议申请仲裁。

2. 和解的效力

（1）和解达成的协议不具有强制执行效力，在性质上仍属于当事人之间的约定。

（2）如果一方当事人不按照和解协议执行，另一方当事人不能直接申请人民法院强制执行，但可要求对方承担不履行和解协议的违约责任。

8.2.2 调解

调解是指双方当事人以外的第三方，应纠纷当事人的请求，以国家法律、法规、政策或合同约定以及社会公德为依据，居中调停，对纠纷双方进行疏导、劝说，促使其互谅互让，自愿协商达成协议，解决纠纷的一种方式。

1. 调解的基本原则

（1）自愿平等原则。在当事人自愿、平等的基础上进行调解。

（2）合法原则。不违背法律、法规和国家政策。

（3）尊重当事人权利原则。尊重当事人的权利，不得因调解而阻止当事人依法通过仲裁、行政、司法等途径维护自己的权利。

2. 调解的分类

在我国，调解的主要方式有人民调解、行政调解、仲裁调解、法院调解等。

（1）人民调解。

2010 年 8 月 28 日，第十一届全国人大常委会第十六次会议通过的《中华人民共和国人民调解法》（以下简称《人民调解法》）规定，人民调解是指人民调解委员会通过说服、疏导等方法，促使当事人在平等协商基础上自愿达成调解协议，解决民间纠纷的活动。

人民调解制度作为一种司法辅助制度，是人民群众自己解决纠纷的法律制度，是具有中国特色的司法制度。

（2）行政调解。

行政调解是由国家行政机关依照法律规定进行调解。行政调解达成的协议不具有强制执行力。

（3）仲裁调解。

仲裁调解是仲裁机构对受理的仲裁案件进行的调解。当事人将争议提交仲裁机构后，经双方当事人同意，将调解纳入仲裁程序，调解成功后制作调解书，双方签署后生效。调解书与裁决书具有同等法律效力。

（4）法院调解。

法院调解是人民法院对受理的民事案件、经济纠纷案件和轻微刑事案件在双方当事人自愿的基础上进行的调解，是诉讼内调解。调解达成协议，必须双方自愿，不得强迫。调解协议的内容不得违反法律规定。调解达成协议，人民法院应当制作调解书。调解书经双方当事人签收后，即具有法律效力。

8.2.3 仲裁

仲裁是指当事人根据在纠纷发生前或发生后达成的协议，自愿将纠纷提交中立第三方作出裁决，纠纷各方都有义务执行该裁决的一种争议解决方式。

1. 仲裁的适用范围

《仲裁法》规定，平等主体的公民、法人和其他组织之间发生的合同纠纷和其他财产权益纠纷，可以仲裁。

（1）能够仲裁的纠纷。

仅限于民商事仲裁的合同纠纷和其他财产权益纠纷。

（2）不能够仲裁的纠纷。

不能够仲裁的纠纷有两类：一是婚姻、收养、监护、扶养、继承纠纷；二是依法应当由行政机关处理的行政争议。另外，劳动争议和农业集体经济组织内部的农业承包合同纠纷的仲裁，不受《仲裁法》的调整。

2. 仲裁的基本特点

（1）自愿性。

当事人的自愿性是仲裁最突出的特点。

（2）专业性。

专家裁案，是仲裁的重要特点之一。仲裁往往涉及不同行业的专业知识，如建设工程纠纷的处理不仅涉及与工程建设有关的法律法规，还常常需要运用大量的工程造价、工程质量方面的专业知识以及建筑业自身特有的交易习惯和行业惯例。基于仲裁解决商事纠纷专业性的需要，仲裁员中除法律专家之外，还有各行业具有一定专业水平的专家，他们精通专业知识、熟悉行业规则，确保了仲裁结果的专业性和公正性。

（3）独立性。

《仲裁法》规定，仲裁委员会独立于行政机关，与行政机关没有隶属关系。仲裁委员会之间也没有隶属关系。在仲裁过程中，仲裁庭独立进行仲裁，不受任何行政机关、社会团体和个人的干涉，也不受仲裁机构的干涉，具有独立性。

（4）保密性。

仲裁以不公开审理为原则。同时，当事人及其代理人、证人、翻译、仲裁员、仲裁庭咨询的专家和指定的鉴定人、仲裁委员会有关工作人员也要遵守保密义务，不得对外界透露案件实体和程序的有关情况。因此，仲裁可以有效地保护当事人的商业秘密和商业信誉。

（5）快捷性。

仲裁实行一裁终局制度，仲裁裁决一经作出即发生法律效力。仲裁裁决不能上诉，这使得当事人之间的纠纷能够迅速得以解决。

（6）执行的强制性和域外执行力。

对于生效的仲裁裁决书和调解书，一方不履行的，另一方当事人有权向人民法院申请强制执行。

3. 仲裁协议

当事人采用仲裁方式解决纠纷，应当双方自愿，达成仲裁协议。仲裁协议包括合同中订立的仲裁条款和以其他书面方式在纠纷发生前或者纠纷发生后达成的请求仲裁的协议。《仲裁法》规定，没有仲裁协议，一方申请仲裁的，仲裁委员会不予受理。没有仲裁协议，就不能发生仲裁。仲裁协议应采用书面形式，口头方式无效。

（1）仲裁协议的内容。

合法有效的仲裁协议应当具有下列法定内容：

1）请求仲裁的意思表示。

2）仲裁事项。

3）选定的仲裁委员会。

请求仲裁的意思表示、仲裁事项、选定的仲裁委员会这三项内容必须同时具备，仲裁协议才能在内容上符合《仲裁法》的规定而成为有效的仲裁协议。

（2）仲裁协议的效力。

1）对当事人的法律效力。

仲裁协议以纠纷的解决方式为内容，对当事人的拘束力主要为当就仲裁事项发生争议时，任何一方均无权选择仲裁以外的救济途径，而只能向仲裁机构申请仲裁。仲裁协议对当事人的效力范围通常仅限于签订仲裁协议的当事人，而不及于第三人。

2）对法院的约束力。

有效的仲裁协议排除了人民法院对仲裁协议约定争议事项的司法管辖权。《仲裁法》规定，当事人达成仲裁协议，一方向人民法院起诉的，人民法院不予受理，但仲裁协议无效的除外。当事人达成仲裁协议，一方向人民法院起诉未声明有仲裁协议，人民法院受理后，另一方在首次开庭前提交仲裁协议的，人民法院应当驳回起诉，但仲裁协议无效的除外；另一方在首次开庭前未对人民法院受理该案提出异议的，视为放弃仲裁协议，人民法院应当继续审理。

3）对仲裁机构的法律效力。

仲裁协议是仲裁委员会受理仲裁案件的前提，是仲裁庭审理和裁决案件的依据。没有有效的仲裁协议，仲裁委员会就不能获得对争议案件的管辖权。同时，仲裁委员会只能对当事人在仲裁协议中约定的争议事项进行仲裁，对超出仲裁协议约定范围的其他争议事项无权仲裁。

4）仲裁协议的独立性。

仲裁协议独立存在，合同的变更、解除、终止或者无效，以及合同成立后未生效、被撤销等，均不影响仲裁协议的效力。当事人在订立合同时就争议达成仲裁协议的，合同未成立也不影响仲裁协议的效力。

4. 仲裁审理的法定程序

仲裁审理的法定程序，是指当事人提出仲裁申请直至仲裁庭作出判决的程序。

（1）申请和受理。

1）申请仲裁的条件。

当事人申请仲裁应当符合下列条件：有仲裁协议；有具体的仲裁请求和事实、理由；属于仲裁委员会的受理范围。

2）申请方式。

当事人申请仲裁，应当向仲裁委员会递交仲裁协议、仲裁申请书及副本。

仲裁申请书应当载明下列事项：

第一，当事人的姓名、性别、年龄、职业、工作单位和住所，法人或者其他组织的名称、住所和法定代表人或者主要负责人的姓名、职务；

第二，仲裁请求和所根据的事实、理由；

第三，证据和证据来源、证人姓名和住所。

3）审查与受理。

仲裁委员会收到仲裁申请书之日起五日内，认为符合受理条件的，应当受理，并通知当事人；认为不符合受理条件的，应当书面通知当事人不予受理，并说明理由。

（2）仲裁庭的组成。

仲裁机构仲裁案件，通过一定的组织实现，并非由仲裁委员会直接进行仲裁，这个组织称为仲裁庭。仲裁庭的组成有两种形式。

1）合议仲裁庭。

由三名仲裁员组成仲裁庭。《仲裁法》规定，当事人约定由三名仲裁员组成仲裁庭的，应当各自选定或者各自委托仲裁委员会主任指定一名仲裁员，第三名仲裁员由当事人共同选定或者共同委托仲裁委员会主任指定。第三名仲裁员是首席仲裁员。

2）独任仲裁庭。

由一名仲裁员组成仲裁庭。《仲裁法》规定，当事人约定由一名仲裁员成立仲裁庭的，应当由当事人共同选定或者共同委托仲裁委员会主任指定仲裁员。当事人没有在仲裁规则规定的期限内约定仲裁庭的组成方式或者选定仲裁员的，由仲裁委员会主任指定。

（3）开庭和裁决。

《仲裁法》规定，仲裁应当开庭进行。当事人协议不开庭的，仲裁庭可以根据仲裁申请书、答辩书以及其他材料作出裁决。仲裁不公开进行。当事人协议公开的，可以公开进行，但涉及国家秘密的除外。仲裁委员会应当在仲裁规则规定的期限内将开庭日期通知双方当事人。当事人有正当理由的，可以在仲裁规则规定的期限内请求延期开庭。是否延期，由仲裁庭决定。

申请人经书面通知，无正当理由不到庭或者未经仲裁庭许可中途退庭的，可以视为撤回仲裁申请。被申请人经书面通知，无正当理由不到庭或者未经仲裁庭许可中途退庭的，可以缺席裁决。

当事人应当对自己的主张提供证据。仲裁庭认为有必要收集的证据，可以自行收集。证据应当在开庭时出示，当事人可以质证。

裁决应当按照多数仲裁员的意见作出，少数仲裁员的不同意见可以记入笔录。仲裁庭不能形成多数意见时，裁决应当按照首席仲裁员的意见作出。裁决书自作出之日起发生法律效力。

仲裁实行一裁终局的制度。裁决作出后，当事人就同一纠纷再申请仲裁或者向人民法院起诉的，仲裁委员会或者人民法院不予受理。裁决被人民法院依法裁定撤销或者不予执行的，当事人就该纠纷可以根据双方重新达成的仲裁协议申请仲裁，也可以向人民法院起诉。

导入案例
解析一

8.2.4 民事诉讼

诉讼，是指国家司法机关在当事人及其他诉讼参与人的参加下，依据法定的程序和方式，解决争议的活动。建设工程民事纠纷通过诉讼方式解决，主要是依照《民事诉讼法》

的有关规定来解决经济权利、经济义务的争议。民事诉讼是平等主体的公民之间、法人之间、其他组织之间以及他们相互之间因财产关系和人身关系提起的诉讼。民事诉讼具有公权性、程序性和强制性。

1. 诉讼管辖

民事诉讼中的管辖，是指各级法院之间和同级法院之间受理第一审民事案件的分工和权限。它是在法院内部具体确定特定的民事案件由哪个法院行使民事审判权的一项制度。

《民事诉讼法》规定的民事案件的管辖，包括级别管辖、地域管辖、移送管辖和指定管辖等。其中最重要、最常用的是级别管辖、地域管辖。

（1）级别管辖。

级别管辖是确定各级人民法院之间审理第一审民事案件的分工和权限的管辖制度。我国法院有四级，分别是基层人民法院、中级人民法院、高级人民法院和最高人民法院，每一级均可以受理一审民事案件。《民事诉讼法》规定：

1）基层人民法院管辖第一审民事案件，但该法另有规定的除外。

2）中级人民法院管辖下列第一审民事案件：

A. 重大涉外案件；

B. 在本辖区有重大影响的案件；

C. 最高人民法院确定由中级人民法院管辖的案件。

3）高级人民法院管辖在本辖区有重大影响的第一审民事案件。

4）最高人民法院管辖下列第一审民事案件：

A. 在全国有重大影响的案件；

B. 认为应当由本院审理的案件。

（2）地域管辖。

地域管辖是按照法院辖区来确定同级法院之间受理第一审民事案件的分工和权限的一种管辖制度。级别管辖则是确定民事案件由哪一级人民法院管辖。级别管辖是确定纵向的审判分工，地域管辖是确定横向的审判分工。

地域管辖主要包括以下几种情况：

1）一般地域管辖。

一般地域管辖，是指以当事人与法院的隶属关系来确定诉讼管辖。对公民提起的民事诉讼，由被告住所地人民法院管辖；被告住所地与经常居住地不一致的，由经常居住地人民法院管辖。对法人或者其他组织提起的民事诉讼，由被告住所地人民法院管辖。同一诉讼的几个被告住所地、经常居住地在两个以上人民法院辖区的，各该人民法院都有管辖权。

2）特殊地域管辖。

特殊地域管辖，是指以诉讼标的所在地或者引起民事法律关系发生、变更、消灭的法律事实所在地为标准确定的管辖。我国《民事诉讼法》规定了 10 种特殊地域管辖，其中与工程建设领域关系最为密切的是因合同纠纷提起诉讼的管辖。《民事诉讼法》规定，因合同纠纷提起的诉讼，由被告住所地或者合同履行地人民法院管辖。

3）专属管辖。

专属管辖，是指法律规定某些特殊类型的案件专门由特定的法院管辖。专属管辖是排他性管辖，排除了诉讼当事人协议选择管辖法院的权利。专属管辖与一般地域管辖和特殊地域管辖的关系是：凡法律规定为专属管辖的诉讼，均适用专属管辖。《民事诉讼法》中规定了三种适用专属管辖的案件，其中因不动产纠纷提起的诉讼，由不动产所在地人民法院管辖，如房屋买卖纠纷、土地使用权转让纠纷等。2022 年 3 月最高人民法院修改后公布的《最高人民法院关于适用〈中华人民共和国民事诉讼法〉的解释》中规定，农村土地承包经营合同纠纷、房屋租赁合同纠纷、建设工程施工合同纠纷、政策性房屋买卖合同纠纷，按照不动产纠纷确定管辖。

4）协议管辖。

所谓协议管辖，是指合同当事人在纠纷发生前后，在法律允许的范围内，以书面形式约定案件的管辖法院。协议管辖适用于合同纠纷或者其他财产权益纠纷，其他财产权益纠纷包括因物权、知识产权中的财产权而产生的民事纠纷管辖。

《民事诉讼法》规定，合同或者其他财产权益纠纷的当事人可以书面协议选择被告住所地、合同履行地、合同签订地、原告住所地、标的物所在地等与争议有实际联系的地点的人民法院管辖，但不得违反本法对级别管辖和专属管辖的规定。

2. 审判程序

审判程序是人民法院审理案件适用的程序，常见的审判程序可以分为第一审程序、第二审程序和审判监督程序。

（1）第一审程序。

1）起诉。

A. 起诉条件。

《民事诉讼法》规定，起诉必须符合下列条件：a. 原告是与本案有直接利害关系的公民、法人和其他组织；b. 有明确的被告；c. 有具体的诉讼请求和事实、理由；d. 属于人民法院受理民事诉讼的范围和受诉人民法院管辖。

B. 起诉方式。

起诉方式分为书面起诉和口头起诉。《民事诉讼法》规定，起诉应当向人民法院递交起诉状，并按照被告人数提出副本。书写起诉状确有困难的，可以口头起诉，由人民法院记入笔录，并告知对方当事人。

在工程实践中，基本都是采用书面起诉方式。

2）受理。

《民事诉讼法》规定，人民法院应当保障当事人依照法律规定享有的起诉权利。对符合起诉条件的，必须受理。符合起诉条件的，应当在七日内立案，并通知当事人；不符合起诉条件的，应当在七日内作出裁定书，不予受理；原告对裁定不服的，可以提起上诉。

3）审理前的准备。

审理前的准备工作，主要是送达起诉状副本和提出答辩状，告知当事人诉讼权利义务及组成合议庭等。《民事诉讼法》规定，人民法院应当在立案之日起五日内将起诉状副本发送被告，被告应当在收到之日起十五日内提出答辩状。答辩状应当记明被告的姓名、性别、年龄、民族、职业、工作单位、住所、联系方式；法人或者其他组织的名称、住所和法定代表人或者主要负责人的姓名、职务、联系方式。人民法院应当在收到答辩状之日起五日内将答辩状副本发送原告。被告不提出答辩状的，不影响人民法院审理。

人民法院对决定受理的案件，应当在受理案件通知书和应诉通知书中向当事人告知有关的诉讼权利义务，或者口头告知。审判人员确定后，应当在三日内告知当事人。

人民法院对受理的案件，分别情形，予以处理：A. 当事人没有争议，符合督促程序规定条件的，可以转入督促程序；B. 开庭前可以调解的，采取调解方式及时解决纠纷；C. 根据案件情况，确定适用简易程序或者普通程序；D. 需要开庭审理的，通过要求当事人交换证据等方式，明确争议焦点。

4）开庭审理。

A. 开庭审理的方式。开庭审理分为公开审理和不公开审理。《民事诉讼法》规定，人民法院审理民事案件，除涉及国家秘密、个人隐私或者法律另有规定的以外，应当公开进行。离婚案件，涉及商业秘密的案件，当事人申请不公开审理的，可以不公开审理。

B. 准备工作。《民事诉讼法》规定，人民法院审理民事案件，应当在开庭三日前通知当事人和其他诉讼参与人。公开审理的，应当公告当事人姓名、案由和开庭的时间、地点。开庭审理前，书记员应当查明当事人和其他诉讼参与人是否到庭，宣布法庭纪律。开庭审理时，由审判长或者独任审判员核对当事人，宣布案由，宣布审判人员、法官助理、书记员等的名单，告知当事人有关的诉讼权利义务，询问当事人是否提出回避申请。

C. 法庭调查。法庭调查是指在法庭上出示与案件有关的全部证据，对案件事实进行全面调查并由当事人进行质证的程序。《民事诉讼法》规定，法庭调查按照下列顺序进行：a. 当事人陈述；b. 告知证人的权利义务，证人作证，宣读未到庭的证人证言；c. 出示书证、物证、视听资料和电子数据；d. 宣读鉴定意见；e. 宣读勘验笔录。

D. 法庭辩论。《民事诉讼法》规定，法庭辩论按照下列顺序进行：a. 原告及其诉讼代理人发言；b. 被告及其诉讼代理人答辩；c. 第三人及其诉讼代理人发言或者答辩；d. 互相辩论。法庭辩论终结，由审判长或者独任审判员按照原告、被告、第三人的先后顺序征询各方最后意见。

E. 法庭笔录。《民事诉讼法》规定，书记员应当将法庭审理的全部活动记入笔录，由审判人员和书记员签名。法庭笔录应当当庭宣读，也可以告知当事人和其他诉讼参与人当庭或者在五日内阅读。当事人和其他诉讼参与人认为对自己的陈述记录有遗漏或者差错的，有权申请补正。如果不予补正，应当将申请记录在案。法庭笔录由当事人和其他诉讼参与人签名或者盖章。拒绝签名盖章的，记明情况附卷。

F. 宣判。《民事诉讼法》规定，人民法院对公开审理或者不公开审理的案件，一律公开宣告判决。当庭宣判的，应当在十日内发送判决书；定期宣判的，宣判后立即发给判决书。宣告判决时，必须告知当事人上诉权利、上诉期限和上诉的法院。

人民法院适用普通程序审理的案件，应当在立案之日起六个月内审结。有特殊情况需要延长的，经本院院长批准，可以延长六个月；还需要延长的，报请上级人民法院批准。

（2）第二审程序。

第二审程序又称上诉程序或终审程序，是指由于民事诉讼当事人不服地方各级人民法院尚未生效的第一审判决或裁定，在法定上诉期间内，向上一级人民法院提起上诉而引起的诉讼程序。由于我国实行两审终审制，上诉案件经二审法院审理后作出的判决、裁定为终审的判决、裁定，诉讼程序即告终结。

1）提起上诉。

当事人不服地方人民法院第一审判决的，有权在判决书送达之日起十五日内向上一级人民法院提起上诉。当事人不服地方人民法院第一审裁定的，有权在裁定书送达之日起十日内向上一级人民法院提起上诉。

当事人提起上诉，应当递交上诉状。上诉状应当通过原审人民法院提出，并按照对方当事人或者代表人的人数提出副本。当事人直接向第二审人民法院上诉的，第二审人民法院应当在五日内将上诉状移交原审人民法院。

2）上诉的受理。

原审人民法院收到上诉状，应当在五日内将上诉状副本送达对方当事人，对方当事人在收到之日起十五日内提出答辩状。人民法院应当在收到答辩状之日起五日内将副本送达上诉人。对方当事人不提出答辩状的，不影响人民法院审理。原审人民法院收到上诉状、答辩状，应当在五日内连同全部案卷和证据，报送第二审人民法院。

3）上诉的审理。

第二审人民法院应当对上诉请求的有关事实和适用法律进行审查。第二审人民法院对上诉案件应当开庭审理。经过阅卷、调查和询问当事人，对没有提出新的事实、证据或者理由，人民法院认为不需要开庭审理的，可以不开庭审理。

第二审人民法院对上诉案件，经过审理，按照下列情形，分别处理：

A. 原判决、裁定认定事实清楚，适用法律正确的，以判决、裁定方式驳回上诉，维持原判决、裁定。

B. 原判决、裁定认定事实错误或者适用法律错误的，以判决、裁定方式依法改判、撤销或者变更。

C. 原判决认定基本事实不清的，裁定撤销原判决，发回原审人民法院重审，或者查清事实后改判。

D. 原判决遗漏当事人或者违法缺席判决等严重违反法定程序的，裁定撤销原判决，发回原审人民法院重审。

原审人民法院对发回重审的案件作出判决后，当事人提起上诉的，第二审人民法院不得再次发回重审。

第二审人民法院的判决、裁定，是终审的判决、裁定。人民法院审理对判决的上诉案件，应当在第二审立案之日起三个月内审结。有特殊情况需要延长的，由本院院长批准。人民法院审理对裁定的上诉案件，应当在第二审立案之日起三十日内作出终审裁定。

（3）审判监督程序。

审判监督程序即再审程序，是指由有审判监督权的法定机关和人员提起，或由当事人申请，由人民法院对已经发生法律效力的判决、裁定、调解书再次审理的程序。当事人申请再审，应当在判决、裁定发生法律效力后六个月内提出。

1）人民法院提起再审。

人民法院提起再审，必须是已经发生法律效力的判决、裁定、调解书确有错误。

其程序为：各级人民法院院长对本院已经发生法律效力的判决、裁定、调解书，发现确有错误，认为需要再审的，应当提交审判委员会讨论决定。最高人民法院对地方各级人民法院已经发生法律效力的判决、裁定、调解书，上级人民法院对下级人民法院已发生法律效力的判决、裁定、调解书，发现确有错误的，有权提审或者指令下级人民法院再审。

2）当事人申请再审的程序。

《民事诉讼法》规定，当事人对已经发生法律效力的判决、裁定，认为有错误的，可以向上一级人民法院申请再审；当事人一方人数众多或者当事人双方为公民的案件，也可以向原审人民法院申请再审。当事人申请再审的，不停止判决、裁定的执行。人民法院应当自收到再审申请书之日起三个月内审查，符合该法规定的，裁定再审；不符合该法规定的，裁定驳回申请。有特殊情况需要延长的，由本院院长批准。

当事人对已经发生法律效力的调解书，提出证据证明调解违反自愿原则或者调解协议的内容违反法律的，可以申请再审。经人民法院审查属实的，应当再审。

3. 执行程序

执行程序，是指人民法院的执行机构依照法定的程序，对发生法律效力并具有给付内容的法律文书，以国家强制力为后盾，依法采取强制措施，迫使具有给付义务的当事人履行其给付义务的行为。

审判程序与执行程序是并列的独立程序。审判程序是产生裁判书的过程，执行程序是实现裁判书内容的过程。

（1）执行根据。

执行根据是当事人申请执行、人民法院移交执行以及人民法院采取强制措施的依据。

执行根据主要有：1）人民法院制作的发生法律效力的民事判决书、裁定书以及生效的调解书等；2）人民法院作出的具有财产给付内容的发生法律效力的刑事判决书、裁定书；3）仲裁机构制作的依法由人民法院执行的生效仲裁裁决书、仲裁调解书；4）公证机关依法作出的赋予强制执行效力的公证债权文书；5）人民法院作出的先予执行的裁定、执行回转的裁定以及承认并协助执行外国判决、裁定或裁决的裁定；6）我国行政机关作出的法律明确规定由人民法院执行的行政决定；7）人民法院依督促程序发布的支付令等。

（2）执行案件的管辖。

发生法律效力的民事判决、裁定，以及刑事判决、裁定中的财产部分，由第一审人民法院或者与第一审人民法院同级的被执行的财产所在地人民法院执行。法律规定由人民法院执行的其他法律文书，由被执行人住所地或者被执行的财产所在地人民法院执行。

（3）执行的申请。

人民法院作出的判决、裁定等法律文书，当事人必须履行。如果无故不履行，另一方当事人可向有管辖权的人民法院申请强制执行。

申请强制执行应提交申请强制执行书，并附作为执行根据的法律文书。

申请强制执行，还须遵守申请执行期限。申请执行的期间为二年。申请执行时效的中止、中断，适用法律有关诉讼时效中止、中断的规定。这里规定的期间，从法律文书规定履行期间的最后一日起计算；法律文书规定分期履行的，从最后一期履行期限届满之日起计算；法律文书未规定履行期间的，从法律文书生效之日起计算。

（4）执行措施。

执行措施是指人民法院依照法定程序强制执行生效法律文书的方法和手段。在执行中，执行措施和执行程序是合为一体的。执行员接到申请执行书或者移交执行书，应当向被执行人发出执行通知，并可以立即采取强制执行措施。

执行措施主要有：1）查询、扣押、冻结、划拨、变价被执行人的存款、债券、股票、基金份额等财产；2）扣留、提取被执行人的收入；3）查封、扣押、冻结、拍卖、变卖被执行人的财产；4）对被执行人及其住所或财产隐匿地进行搜查；5）强制被执行人和有关单位、自然人交付法律文书指定交付的财物或票证；6）强制被执行人迁出房屋或退出土地；7）强制被执行人履行法律文书指定的行为；8）办理财产权证照转移手续；9）强制被执行人支付迟延履行期间的加倍债务利息或迟延履行金；10）债权人发现被执行人有其他财产的，可以随时请求人民法院执行；11）限制出境；12）在征信系统记录、通过媒体公布不履行义务信息；13）法律规定的其他措施。

导入案例解析二

8.3 建设工程行政纠纷的处理

学习目标

- 熟悉行政复议的范围。
- 熟悉行政诉讼的受案范围。
- 掌握行政复议的程序。
- 掌握行政诉讼的程序。
- 能运用法律知识处理建设工程行政纠纷。

建设工程行政纠纷的法律解决途径主要有两种，即行政复议和行政诉讼。

8.3.1 行政复议

行政复议，是行政复议机关对公民、法人或者其他组织认为侵犯其合法权益的具体行政行为，基于申请而予以受理、审理并作出决定的制度。行政复议是对具体行政行为的一种法律救济制度。行政复议机关履行行政复议职责，应当遵循合法、公正、公开、高效、便民、为民的原则，坚持有错必纠，保障法律、法规的正确实施。

1. 行政复议的范围

（1）可以申请行政复议的事项。

《中华人民共和国行政复议法》（2023 年修订，以下简称《行政复议法》）规定，有下列情形之一的，公民、法人或其他组织可以依照本法申请行政复议：

1）对行政机关作出的行政处罚决定不服；

2）对行政机关作出的行政强制措施、行政强制执行决定不服；

3）申请行政许可，行政机关拒绝或者在法定期限内不予答复，或者对行政机关作出的有关行政许可的其他决定不服；

4）对行政机关作出的确认自然资源的所有权或者使用权的决定不服；

5）对行政机关作出的征收征用决定及其补偿决定不服；

6）对行政机关作出的赔偿决定或者不予赔偿决定不服；

7）对行政机关作出的不予受理工伤认定申请的决定或者工伤认定结论不服；

8）认为行政机关侵犯其经营自主权或者农村土地承包经营权、农村土地经营权；

9）认为行政机关滥用行政权力排除或者限制竞争；

10）认为行政机关违法集资、摊派费用或者违法要求履行其他义务；

11）申请行政机关履行保护人身权利、财产权利、受教育权利等合法权益的法定职责，行政机关拒绝履行、未依法履行或者不予答复；

12）申请行政机关依法给付抚恤金、社会保险待遇或者最低生活保障等社会保障，行政机关没有依法给付；

13）认为行政机关不依法订立、不依法履行、未按照约定履行或者违法变更、解除政府特许经营协议、土地房屋征收补偿协议等行政协议；

14）认为行政机关在政府信息公开工作中侵犯其合法权益；

15）认为行政机关的其他行政行为侵犯其合法权益。

（2）不能申请行政复议的范围。

下列事项不属于行政复议范围：

1）国防、外交等国家行为；

2）行政法规、规章或者行政机关制定、发布的具有普遍约束力的决定、命令等规范性文件；

3）行政机关对行政机关工作人员的奖惩、任免等决定；

4）行政机关对民事纠纷作出的调解。

2. 行政复议的程序

（1）行政复议申请。

1）申请时效。

公民、法人或者其他组织认为行政行为侵犯其合法权益的，可以自知道或者应当知道该行政行为之日起六十日内提出行政复议申请；但是法律规定的申请期限超过六十日的除外。因不可抗力或者其他正当理由耽误法定申请期限的，申请期限自障碍消除之日起继续计算。

行政机关作出行政行为时，未告知公民、法人或者其他组织申请行政复议的权利、行政复议机关和申请期限的，申请期限自公民、法人或者其他组织知道或者应当知道申请行政复议的权利、行政复议机关和申请期限之日起计算，但是自知道或者应当知道行政行为内容之日起最长不得超过一年。

2）申请方式。

申请人申请行政复议，可以书面申请；书面申请有困难的，也可以口头申请。

书面申请的，可以通过邮寄或者行政复议机关指定的互联网渠道等方式提交行政复议申请书，也可以当面提交行政复议申请书。行政机关通过互联网渠道送达行政行为决定书的，应当同时提供提交行政复议申请书的互联网渠道。口头申请的，行政复议机关应当当场记录申请人的基本情况、行政复议请求、申请行政复议的主要事实、理由和时间。

（2）行政复议受理。

行政复议机关收到行政复议申请后，应当在五日内进行审查。对不符合规定的行政复议申请，行政复议机关应当在审查期限内决定不予受理并说明理由；不属于本机关管辖的，还应当在不予受理决定中告知申请人有管辖权的行政复议机关。行政复议申请的审查期限届满，行政复议机关未作出不予受理决定的，审查期限届满之日起视为受理。行政复议机关受理行政复议申请后，发现该行政复议申请不符合规定的，应当决定驳回申请并说明理由。

（3）行政复议决定。

行政复议机关依照《行政复议法》审理行政复议案件，由行政复议机构对行政行为进行审查，提出意见，经行政复议机关的负责人同意或者集体讨论通过后，以行政复议机关的名义作出行政复议决定。

适用普通程序审理的行政复议案件，行政复议机关应当自受理申请之日起六十日内作出行政复议决定；但是法律规定的行政复议期限少于六十日的除外。情况复杂，不能在规定期限内作出行政复议决定的，经行政复议机构的负责人批准，可以适当延长，并书面告知当事人；但是延长期限最多不得超过三十日。

导入案例
解析三

行政复议机关作出行政复议决定，应当制作行政复议决定书，并加盖行政复议机关印章。

行政复议决定书一经送达，即发生法律效力。

8.3.2 行政诉讼

行政诉讼，是指公民、法人或者其他组织认为行政行为侵犯其合法权益，依法向人民法院提起诉讼，由人民法院主持审理行政争议并作出裁判的诉讼制度。

1. 受案范围

《中华人民共和国行政诉讼法》（2017 年修正，以下简称《行政诉讼法》）规定，人民法院受理公民、法人或者其他组织提起的下列诉讼：

（1）对行政拘留、暂扣或者吊销许可证和执照、责令停产停业、没收违法所得、没收非法财物、罚款、警告等行政处罚不服的。

（2）对限制人身自由或者对财产的查封、扣押、冻结等行政强制措施和行政强制执行不服的。

（3）申请行政许可，行政机关拒绝或者在法定期限内不予答复，或者对行政机关作出的有关行政许可的其他决定不服的。

（4）对行政机关作出的关于确认土地、矿藏、水流、森林、山岭、草原、荒地、滩涂、海域等自然资源的所有权或者使用权的决定不服的。

（5）对征收、征用决定及其补偿决定不服的。

（6）申请行政机关履行保护人身权、财产权等合法权益的法定职责，行政机关拒绝履行或者不予答复的。

（7）认为行政机关侵犯其经营自主权或者农村土地承包经营权、农村土地经营权的。

（8）认为行政机关滥用行政权力排除或者限制竞争的。

（9）认为行政机关违法集资、摊派费用或者违法要求履行其他义务的。

（10）认为行政机关没有依法支付抚恤金、最低生活保障待遇或者社会保险待遇的。

（11）认为行政机关不依法履行、未按照约定履行或者违法变更、解除政府特许经营协议、土地房屋征收补偿协议等协议的。

（12）认为行政机关侵犯其他人身权、财产权等合法权益的。

除上述规定外，人民法院受理法律、法规规定可以提起诉讼的其他行政案件。

人民法院不受理公民、法人或者其他组织对下列事项提起的诉讼：

（1）国防、外交等国家行为。

（2）行政法规、规章或者行政机关制定、发布的具有普遍约束力的决定、命令。

（3）行政机关对行政机关工作人员的奖惩、任免等决定。

（4）法律规定由行政机关最终裁决的行政行为。

2. 行政诉讼的程序

（1）起诉与受理。

1）起诉条件。

《行政诉讼法》规定，提起诉讼应当符合下列条件：A. 原告是符合规定的公民、法人或者其他组织；B. 有明确的被告；C. 有具体的诉讼请求和事实根据；D. 属于人民法院受案范围和受诉人民法院管辖。

2）起诉期限。

A. 公民、法人或者其他组织不服复议决定的，可以在收到复议决定书之日起 15 日内向人民法院提起诉讼。复议机关逾期不作决定的，申请人可以在复议期满之日起 15 日内向人民法院提起诉讼。法律另有规定的除外。

B. 公民、法人或者其他组织直接向人民法院提起诉讼的，应当自知道或者应当知道作出行政行为之日起六个月内提出。法律另有规定的除外。

C. 因不动产提起诉讼的案件自行政行为作出之日起超过 20 年，其他案件自行政行为作出之日起超过五年提起诉讼的，人民法院不予受理。

3）起诉受理。

A. 人民法院在接到起诉状时对符合《行政诉讼法》规定的起诉条件的，应当登记立案。

B. 对当场不能判定是否符合法律规定的起诉条件的，应当接收起诉状，出具注明收到日期的书面凭证，并在七日内决定是否立案。不符合起诉条件的，作出不予立案的裁定。裁定书应当载明不予立案的理由。原告对裁定不服的，可以提起上诉。

C. 人民法院既不立案，又不作出不予立案裁定的，当事人可以向上一级人民法院起诉。上一级人民法院认为符合起诉条件的，应当立案、审理，也可以指定其他下级人民法院立案、审理。

（2）审理。

人民法院公开审理行政案件，但涉及国家秘密、个人隐私和法律另有规定的除外。涉及商业秘密的案件，当事人申请不公开审理的，可以不公开审理。

（3）判决。

人民法院应当在立案之日起五日内，将起诉状副本发送被告。被告应当在收到起诉状副本之日起 15 日内向人民法院提交作出行政行为的证据和所依据的规范性文件，并提出答辩状。人民法院应当在收到答辩状之日起五日内，将答辩状副本发送原告。被告不提出答辩状的，不影响人民法院审理。

人民法院对公开审理和不公开审理的案件，一律公开宣告判决。当庭宣判的，应当在十日内发送判决书；定期宣判的，宣判后立即发给判决书。宣告判决时，必须告知当事人上诉权利、上诉期限和上诉的人民法院。人民法院应当在立案之日起六个月内作出第一审判决。有特殊情况需要延长的，由高级人民法院批准，高级人民法院审理第一审案件需要延长的，由最高人民法院批准。

当事人不服人民法院第一审判决的，有权在判决书送达之日起 15 日内向上一级人民法院提起上诉。当事人不服人民法院第一审裁定的，有权在裁定书送达之日起十日内向上一级人民法院提起上诉。逾期不提起上诉的，人民法院的第一审判决或者裁定发生法律效力。

人民法院审理上诉案件，应当在收到上诉状之日起三个月内作出终审判决。有特殊情况需要延长的，由高级人民法院批准，高级人民法院审理上诉案件需要延长的，由最高人民法院批准。

（4）执行。

当事人必须履行人民法院发生法律效力的判决、裁定、调解书。公民、法人或者其他组织拒绝履行判决、裁定、调解书的，行政机关或者第三人可以向第一审人民法院申请强制执行，或者由行政机关依法强制执行。

行政机关拒绝履行判决、裁定、调解书的，第一审人民法院可以采取下列措施：1）对应当归还的罚款或者应当给付的款额，通知银行从该行政机关的账户内划拨。2）在规定期限内不履行的，从期满之日起，对该行政机关负责人按日处 50 元至 100 元的罚款。3）将行政机关拒绝履行的情况予以公告。4）向监察机关或者该行政机关的上一级行政机关提出司法建议。接受司法建议的机关，根据有关规定进行处理，并将处理情况告知人民法院。5）拒不履行判决、裁定、调解书，社会影响恶劣的，可以对该行政机关直接负责的主管人员和其他直接责任人员予以拘留；情节严重，构成犯罪的，依法追究刑事责任。

公民、法人或者其他组织对行政行为在法定期限内不提起诉讼又不履行的，行政机关可以申请人民法院强制执行，或者依法强制执行。

技能检测

一、单选题

1. 下列关于仲裁的说法，正确的是（　　）。

A. 没有仲裁协议或者仲裁协议无效的，法院对当事人的纠纷应当予以受理

B. 对于仲裁协议有效的仲裁案件，法院仍具有管辖权

C. 只要一方当事人申请仲裁，仲裁委员会都应当予以受理

D. 仲裁裁决作出后，当事人就同一纠纷向法院起诉的，法院应当予以受理

2. 下列关于民事诉讼审判程序的说法，正确的是（　　）。

A. 一审程序包括普通程序和特别程序　　B. 必须以书面形式起诉

C. 原告必须与案件有直接利害关系　　D. 提交起诉状的同时提交全部证据

3. 仲裁委员会就某施工合同纠纷案件进行仲裁，首席仲裁员甲认为应当裁定合同无效，仲裁员乙和丙认为应当裁定合同有效，则仲裁庭应当（　　）。

A. 按乙和丙的意见作出裁决

B. 按甲的意见作出裁决

C. 请示仲裁委员会主任，并按其意见作出裁决

D. 重新组成仲裁庭，经评议后作出裁决

4. 下列情形中，属于行政复议受案范围的是（　　）。

A. 认为行政机关制定、发布的具有普遍约束力的规范性文件侵犯其合法权益的

B. 对行政机关作出的人事任免决定不服的

C. 对行政机关作出的民事纠纷调解不服的

D. 对行政机关作出的不予受理工伤认定申请的决定不服的

5. 行政机关作出的下列决定中，当事人不能申请行政复议的是（　　）。

A. 罚款、没收非法财物等行政处罚决定

B. 行政处分或者其他人事处理决定

C. 限制人身自由的行政强制措施决定

D. 有关许可证、执照等证书变更、中止、撤销的决定

6. 建设工程施工合同纠纷的管辖法院是（　　）。

A. 建设工程所在地人民法院　　B. 发包人住所地人民法院

C. 承包人住所地人民法院　　D. 发包人和承包人约定的人民法院

7. 某施工企业对某市辖区建筑工程质量监督站以该区建设行政主管部门名义作出的通报批评结果不服而申请复议，该复议可以向（　　）提出。

A. 市质量监督站　　B. 市建设行政主管部门

C. 区质量监督站　　D. 区建设行政主管部门

8. 某政府工程建设项目发、承包双方围绕工程结算款经多次协商也未能达成一致意见，承包人诉诸法院，上述纠纷属于（　　）。

A. 行政纠纷　　B. 民事纠纷　　C. 刑事纠纷　　D. 程序纠纷

9. 有效仲裁协议的内容不包括（　　）。

A. 具体的仲裁事实、理由　　B. 请求仲裁的意思表示

C. 仲裁事项　　D. 选定的仲裁委员会

10. 关于行政复议的说法，正确的是（　　）。

A. 当事人可以向具体行政行为的作出机关申请复议

B. 对行政复议决定不服的，不得再向人民法院提起行政诉讼

C. 行政复议原则上采用开庭审理的办法

D. 行政复议机关应当审查申请行政复议的具体行政行为是否合法与适当

二、多选题

1. 根据《民事诉讼法》，起诉必须符合的条件有（　　）。

A. 有完整的证据目录和证据材料

B. 原告是与本案有直接利害关系的公民、法人和其他组织

C. 有明确的被告

D. 有具体的诉讼请求和事实、理由

E. 属于人民法院受理民事诉讼的范围和受诉人民法院管辖

2. 合同双方当事人可以在书面合同中协议选择（　　）人民法院，以解决双方争议纠纷。

A. 被告住所地　　B. 合同备案地　　C. 合同签订地　　D. 合同履行地

E. 原告住所地

3. 下列关于仲裁协议效力的说法，正确的有（　　）。

A. 合同无效，仲裁协议亦无效

B. 仲裁协议有效，当事人也可以向法院提出诉讼

C. 仲裁委员会有权裁决超出仲裁协议约定范围的争议

D. 有效仲裁协议排除法院的司法管辖权

E. 有效的仲裁协议对双方当事人均有约束力

4. 下列关于仲裁庭组成的说法正确的有（　　）。

A. 当事人未在规定期限内选定仲裁员的，由仲裁委员会主任指定

B. 首席仲裁员应当由仲裁委员会指定

C. 双方当事人必须各自选定合议仲裁庭的一名仲裁员

D. 仲裁庭可以由三名仲裁员组成

E. 仲裁庭可以由一名仲裁员组成

5. 下列纠纷解决途径中，可以获得具有强制执行效力的法律文书的是（　　）。

A. 诉讼　　B. 法院调解　　C. 和解　　D. 行政调解

E. 仲裁

三、案例分析题

甲房地产开发公司（以下简称甲公司）与乙房地产开发公司（以下简称乙公司）签订的《A 项目合作开发合同》中约定：双方合作开发 A 项目，乙公司在取得某市发展和改革委员会项目建议书批复文件 10 日内向甲公司支付补偿金 600 万元，如乙公司不能按时付款，该合同即作废，乙公司应向甲公司支付 200 万元违约金。合同还约定：“因本合同引起的或与本合同有关的任何争议，均提请 M 仲裁委员会仲裁。仲裁裁决是终局的，对双方均有约束力。”因乙公司在取得 A 项目批复文件后未支付补偿金，甲公司通知解除合同并向 M 仲裁委员会申请仲裁。乙公司在收到 M 仲裁委员会的仲裁通知及相关资料后提出了管辖异议，称合同中虽有仲裁条款，但合同已经解除，M 仲裁委员会没有管辖权。甲公司认为乙公司的抗辩理由不能成立。M 仲裁委员会根据合同中的仲裁条款作出了裁决。为此，乙公司以 M 仲裁委员会对该案无管辖权为由向 G 人民法院提出撤销该裁决的申请。

问题：

该案中的 M 仲裁委员会对此案是否具有管辖权？

参考文献

[1] 全国二级建造师执业资格考试用书编写委员会．建设工程法规及相关知识[M]．北京：中国建筑工业出版社，2024．

[2] 全国一级建造师执业资格考试用书编写委员会．建设工程法规及相关知识[M]．北京：中国建筑工业出版社，2024．

[3] 全国二级建造师执业资格考试用书编写委员会．建设工程法律法规选编[M]．北京：中国建筑工业出版社，2024．

[4] 鲁正，李庭辉．建设工程法规[M]．2版．北京：机械工业出版社，2024．

[5] 法律出版社法律应用中心．中华人民共和国民法典（实用问题版）[M]．北京：中国法制出版社，2024．

[6] 陈东佐．建筑法规概述[M]．7版．北京：中国建筑工业出版社，2024．

[7] 孙剑．建设法规[M]．北京：中国建筑工业出版社，2023．

[8] 何百洲，宿辉．工程建设法规与案例[M]．3版．北京：中国建筑工业出版社，2019．

[9] 马楠．建设法规与典型案例分析[M]．北京：机械工业出版社，2018．

[10] 贺铭，陈增顺．工程安全事故案例解析[M]．北京：中国财政经济出版社，2019．

[11] 何百洲，蔡建民，何乐．工程质量事故案例解析[M]．北京：中国财政经济出版社，2019．

[12] 全国二级建造师执业资格考试用书编写组．建设工程法规及相关知识历年真题全解与临考突破试卷[M]．哈尔滨：哈尔滨工程大学出版社，2024．

[13] 全国二级建造师执业资格考试历年真题+冲刺试卷编写委员会．建设工程法规及相关知识历年真题+冲刺试卷[M]．北京：中国建筑工业出版社，中国城市出版社，2024．

图书在版编目（CIP）数据

建设法规 / 秦纪伟，伏虎主编. --2 版. -- 北京 :
中国人民大学出版社，2025. 7. --（新编 21 世纪高等职
业教育精品教材）. --ISBN 978-7-300-33724-1

Ⅰ. D922.297

中国国家版本馆 CIP 数据核字第 20255U9N97 号

新编 21 世纪高等职业教育精品教材・土木建筑类

建设法规（第二版）

主　编　秦纪伟　伏　虎

副主编　王志宇　王　希

Jianshe Fagui

出版发行	中国人民大学出版社		
社　　址	北京中关村大街 31 号	**邮政编码**	100080
电　　话	010－62511242（总编室）		010－62511770（质管部）
	010－82501766（邮购部）		010－62514148（门市部）
	010－62511173（发行公司）		010－62515275（盗版举报）
网　　址	http://www.crup.com.cn		
经　　销	新华书店		
印　　刷	天津鑫丰华印务有限公司	**版　　次**	2021 年 10 月第 1 版
开　　本	787 mm × 1092 mm　1/16		2025 年 7 月第 2 版
印　　张	12.75	**印　　次**	2025 年 7 月第 1 次印刷
字　　数	243 000	**定　　价**	42.00 元